Nikolaus Reneysen

Bericht von dem heiligen Abendmal und dem einigen Opfer und Priestertum Christi

Samt anderen notwendigen Punkten

Nikolaus Reneysen

Bericht von dem heiligen Abendmal und dem einigen Opfer und Priestertum Christi
Samt anderen notwendigen Punkten

ISBN/EAN: 9783743671379

Hergestellt in Europa, USA, Kanada, Australien, Japan

Cover: Foto ©Lupo / pixelio.de

Weitere Bücher finden Sie auf **www.hansebooks.com**

Dem Christlichen Leser
gnad vnnd frid von Gott dem
Vatter/durch vnsern Herrn vnd
Heyland Jesum Chri-
stum.

CHristlicher lieber
Leser/dieweil heutiges
tags an vilē orten hin
vñ wider so mancher-
ley newe schrifftē/von
den Religions sachen/
die jetzunder in der Christlichē kirchen
streitig seind/in offnē druck außgehē/
deren jnhalt den mehrentheyl anders
nichts ist/deñ ein vnchristlichs gesetz-
lichs gezänck / mit allerley schmach
vñ schandworten befleckt/Damit ein
jeder sein eygen rhum vnnd ehr/mit
vndertruckūg/ja auch (wie es in solchem gezänck pflegt zu geschehen) mit
verlust der warheyt suchen.

Vnd

Vnd aber durch solchs vilfältiges vn̄ vnrichtiges schreibē/etlicher derē ne=
wen Scribenten/der gemeyne mann den weg der warheyt zu treffen/nicht allein je lenger je jrriger vnd zweyfel=
hafftiger gemacht wird: sonder auch/ da noch etliche gute alte Fußstapffen vn̄ anleitūg zu der warheyt in schriff=
ten gelehrter vn̄ gottseliger menner so vor etlicher zeit gelebt/fürhandē/wer=
den jm solche entweders mit list/ oder mit gewalt auß den henden vn̄ augen gerissē/ vn̄ vnder die banck gestossen.

Derhalben so haben wir/Christli=
cher guter wolmeynung/auß liebe der Göttlichē warheyt/ vn̄ dieselbe nach vnserem besten vermögen helffen zu befürderen/etliche alte Schrifften in offnen druck wöllen lassen außgehen/ so etwa vor viertzig jaren võ dem ge=
lehrten vn̄ gottseligen Mañ Nicolao Reneysen von Bēnßheym gewese=
nen

nen Kirchēdiener zů Bischoffsheym im Kraiggaw geschrieben sein wordē/ vnd vom Authore selbst zů truck verfertiget/ aber doch von wegen seines tödlichen abgangs biß anher hinderbliben.

Dariñ neben anderen Christlichen guten/ vñ diser zeit gar notwendigen Lehren/ so dazumal (welches zuuerwunderen) in der dickē finsternuß des Pabsthums so hell vnd klar getriben sein worden/ auch zu sehē was Gottselige gelehrte vnd fromme leuth allhie in disen Landē/ vom heyligen Abēdmal des Herrn einfeltig auß Gottes wort gelehret vnd gehalten haben ehe deñ man sich in dise weitleufftige vnd langwirige Häder vnd gezänck mit verbitterung der gemüter gegen eynander hat eingelassen.

So du nun/ Christlicher lieber Leser/ zu trost deines eigenen gewissens/

A iij   vnd

vnd verſicherung deines heils vnnd
ſeeligkeyt/auff den rechtē grundt der
Göttlichen warheyt diſes vnd anderer puncten halben/ begereſt zukom-
men: So liſe mit fleiß was diſer Gott
ſelige Mann in diſen Schrifftē vom
gantzen handel gelehret hat.

Wöllen aber hiemit niemands weder auff gedachtes Herrn Nicolai
Reneyſes/ noch einiges anderē menſchen lehr/wie der Namē habē möcht/
gewiſen haben/ deñ allein ſo ferr die-
ſelbige mit Gottes wort/ vñ den Ar-
tickeln vnſers alten/allgemeynen vñ
vngezweyffelten Chriſtlichen Glaubens (welche vns gleich als ein kurtze
vnd gewiſſe Richtſchnuer/von allen
lehren zuurtheylen/fürgeſchrieben vñ
gegebē ſeind/vbereinkoñen: Sonder
vns mit ſampt allen Menſchen/wie
auch diſer Author ſelbſt thut/d̄ Chriſt
lichen vñ notwendigē Regel des heyligen Auguſtini vnderwerffen.

Da

7.

Da er spricht:

Wir sollen nicht aller leuth schrifften/ob sie gleich berümpt/ vnd keines jrrthumbs halbē verdechtig seind/der heyligē schrifft gleich haltē/ Also daß wir meinen/es were den ehren die wir jnen schuldig sein/zu nahet/ weñ wir etwas in jren büchern nit lobten vnd annemen/die wir durch Gottes gnad entweder selbst/oder auß andrer leuth erinnerung befinden/daß sie etwan in einem stück anderst hetten gehalten/ denn die warheyt vermag. Also lise ich der anderen Bücher/vnd also wil ich auch daß die meine von anderen gelesen werden/rc.

1. Thessal. 5.
Den Geist dempffet nicht/ die weissagung verachtet nicht/prüfet aber alles/vnd das gute behaltet.

a iiij

Antwort
Nicolai Reneysen/ auff
die Artickel/ so auß seinen Pre=
digen in der Epistel zu den Hebreern
zusammen gepletzet/ vnnd den Edlen
Ernuesten/ Johannen vnd Philip=
sen von Helmstat seiner Herr=
schafft zu Bischoffsheym/
wider jhn vorge=
tragen sind.

Der Erst Artickel.

Niclas Ren=
eysen hat gesagt in
seiner Predig/ auff
S. Steffans tag/
Es sey kein Gott=
loser Volck/ denn Bischoff vnnd
Pfaf=

Pfaffen/ Vnd nachgähns zu andern
zeiten gesagt/ Es sey kein Gottloser
volck/ denn der Bapst vnnd sein an=
hang.   Antwort:
Dieweil diser Artickel mit einem A.
verzeichnet ist/ achte ich er soll darum̃
der erste sein/daß er vor den andern al=
lein ein grösser ansehens hat/ vñ die je=
nigen so Euangelischer warheyt noch
vnbericht/ allein sehen auff eusserliche
weltprächtige heiligkeyt vñ fromkeyt
der vermeinten geistlichen/ welche sie
fast groß achten / möge gleich im an=
fang des handels zu zorn vnd vnwillẽ
bewegen/vñ die sach verhasset machẽ/
dermassen dz jr gemüter hernach von
aller warheyt zuhören abgewendt/ vñ
die predig des heiligẽ Euangelij nider=
gelegt werde/Dz ist meins bedünckens
die vrsach/ daß diser Artickel mit einem
A. verzeichnet/ an das erst ort gestellet
ist: Darumb ich jhnen auch aller ersten
verantworten wil. Sage also/es möge
wol sein/daß ich solche wort/oder jres
gleichen / wie der Artickel außtruckt/
gerebt

geredt habe/wil mich des nit entschül-
digen. Aber one allē zweifel hab ich nit
also gantz blosse wort geredt/ wie es d̄
Artickel vorgibt/ meinē vnglimpff mit
schmächworten zuheuffen: sonder mit
mehr andern neben worten/ die es villeicht zureden bewegt haben. Dañ das
heilig Euangelion von den vier Euan
gelisten beschriben/ zeiget vns durch vn̄
durch auß kein halßstarriger/ wid̄spen
stiger/ boßhaffriger vn̄ gottloser volck
an/ deñ die Bischoff/ hohēpriester/ geist
lichen/ phariseer vn̄ schrifftgelehrtē zū
Jerusalem/ welche sich allwegē derselbigen zeit wider Christū den Herren gesetzt sein wort vn̄ werck geschmecht/ ge
lestert/ veracht/ vn̄ jn verfolgt habē biß
in dē tod. Wo sich nu vnsere hohēprie-
ster vn̄ Schrifftweisen/ es seyen gleich
Bapst/ Bischoff/ pfaffen/ Münch ꝛc.
Jenichē vergleichē in boßheyt/ falsch-
heyt/ gleißnerey/ lesterūg vn̄ verfolgūg
des heiligē Euāgelij Jesu Christi (wie
sie zum theil thun) So folget on alles
widersprechen/ daß sie auch zu vnseren
zeiten/

zeiten/wie jenigen/mehr denn alle andere menschen/die aller widerspenstigen/
verkertestē/gottlosestē vñ schedlichstē
menschen sind/die auff erdē lebē. Wie
soll mā aber im nu thun so die warheyt
am tag ligt von solchē leuten/vñ jrem
vnchristlichen wesen? Sol man das
Euangelion predigē vnd doch solcher
leuth gar geschweigen? o nein/das kan
nicht geschehē/auß der vrsach/daß ein
Prediger des heiligē Euangelij/ist ein
geistlicher Hirt: Johā. 21. vñ 1. Petr. 5.
Aber eines hirten ampt/steht fürnēlich
in zweyen hauptstücken: Das erste/daß
er die Schäflein auff gute Weyde trei-
be: Das ander/daß er jr wol hüte/vnd
sie verwar für den Wölffen. Also eines
Predigers fürnemst Ampt ist/daß er
das volck getrewlich mit dē reynen vn-
uerfälsten wort Gottes weise vñ lehre.
Darumb Christus zu Petro sprach/
Johan. am letsten Cap. Weyde meine
schaff/so du mich anderst lieb hast ꝛc.
Das ander/daß er das volck getrewlich
warne für den falschē geistlichē wölf-
fen/

fen/die sich in Schaffskleydung/das
ist/in falscher vñ gleissender heiligkeyt
fürstellen/ vnd doch innerlich reissende
Wölff seyn. Matth. 7. die mit jhren
wolffszänen der erdichtē vnchristlichē
menschen lehren/satzungen vñ ordnun-
gen/die Seelen zerreissen vnd ewig verderben. Matt. 15. Von denen auch der
heilig Paulus sagt/Actor. 20. Da er die
eltistē zu Epheso beschicket hat/sprach
er vnder andern worten / Habet acht
nun auff euch selbst/vnd auff die gantze Herdt / vnder welche euch der hey-
lig Geist gesetzet hat zu Bischoffen zu
weyden die Gemein Gottes/ welche er
durch sein eigē blut erworben hat/ Deñ
das weiß ich / daß nach meinem Ab-
scheid werdē vnder euch komen schwe-
re Wölff/die der Herd nicht verschonē
werden/ꝛc. Matt. 7. An jren Früchten
solt jhr sie erkennen/ Denn ob sie sich
schon Geistlich nennen/ so sihet man
doch kein frucht des Geists auß jhnen
wachssen/ sonder allein die frucht des
fleisch. Galat. 5. Ehebruch/ Hurerey/
Vnrei-

vnreinigkeyt/geilheyt/abgötterey/zau=
berey/feindtschafft/hader/eyffer/zorn/
zanck/zwytracht/Secten/haß/mordt/
fressen/sauffen vnd dergleichen: solche
werden das Reich Gottes nicht erben/
noch vil weniger werden sie ande leuth
den rechten weg zu der seeligkeyt lernē/
oder jemands darzu helffen mögē/ wie
ein groß ansehens sie gleich haben vor
der Welt. Also mögen nun dise zwey
hauptstück/Lehren/vñ Warnen/nicht
von eynander getrennet werden/ vnnd
seind einem jeglichē Prediger gleich als
hoch von nöten / als einem Hirten das
weyden vñ das hüten ist. Wo ein Hir=
te also eynfeltig were/dz er allein nach
guter Weyde trachten wolt/vnd nicht
auch sorg habē zu hüten für dē Wölf=
fen/der were fürwar ein vnützer Hirt/
vñ widerumb/ wo er allein wolt hütē
für den wölffen/vnd nicht auch trach=
ten nach guter Weyde/ der were aber=
mals kein nütz. Die zwey stück/Weydē
vnd Hüten/ müssen stäts bey einander
sein/ Dergleichē auch wo ein Prediger
allein

allein nach guter predig wolt trachtē/
vnd nicht auch darneben dz volck/das
er mit rechter Euangelischer lehr vnder
wisen hat/verhüten vñ warnen/für dē
heiligscheinendē wölffē/erdichtē geist
lichen vñ falschen Propheten/die vnd
einem geistlichen namen vnd heiligem
schein/eigēnützige/verfürische vñ vn-
christliche lehr fürgebē/darzu mit jrem
ergerlichen bösen leben vñ Exempel in
offenlicher that vil Seelē verderbē/ein
solcher Prediger were auch kein nütz.
Widerum̃ wo einer allein warnē wolt
vnd anderst nichts predigen/denn von
solchē schädlichen wölffischen volck/
auff demselbigen stäts ligen zuplewē/
der were aber kein nütz. Dise zwey stück
müssen auch stäts beyeinander sein/
nemlich lehren vnnd ermahnen/ wie
das weyden vñ hüten. Was recht gut
vnnd Christlich ist / sol man fleissig
lernen/ für dem aber was vnrecht/ver-
fürisch/böß vnnd ergerlich ist/sol man
das volck mit gleichem fleiß warnen/
Sonst wo man nicht warnen solt/
vnd die

vnd die Wölff mit jrem namen nicht anzeygen/ müst man das Euangelion zū grossern theyl hinweg thū/nenlich an allē orten wo Christus vn̄ die Apostelm von den falschē propheten auch jren lehren vnnd leben warnung thun/ vn̄ müst es daruor haben/daß kein solche falschheyt mehr bey vns auff Erdē were/auch kein solche warnung mehr vonnöten. Christus sagt aber/das vnkraut werde vnder dem guten Weytzen wachssen/biß zu der Ernde/Matt. 13. das ist/in der welt werdē die bösen vndern guten sein/ Biß an den Jüngsten tag.   Darumb auch solche warnung wirdt von nöten sein/ alle dise zeit biß zu des Herren zukunfft.

Will man aber nun nit dulden vnd auch nit gern hören/ daß man von den falschē geistlichen prelatē vn̄ pfaffen sage/vnd das gemein Volck von jhren vnchristlichen lehren vn̄ Gottlosen leben warne: So wehre man jnen zuuor jre falsche lehr vn̄ gottloß lebē/ Den̄ so wirdt es nicht mehr not sein/ jemands
für

für jnen zuwarnen/ oder viel von jnen
zureden: So lang aber jre falscheit vnd
verkerte Boßheit (daran das gemein
volck geergert wirdt) weret/ daruon
nicht abstellen wollen: Als lang ist
auch vonnöten/ daß man das Arme
volck für jnen warne/ vnd den Euan=
gelischen Text Mat. 7. Sehet euch für
vor den falschen Propheten rc. frey
auff sie deute. Auch den Mat. 16. Hü=
tet euch für dem sawerteig ð Phariseer
vnd Saduceer. Dergleichen Mat. 24.
Sehet euch für daß euch niemands ver
füre/ dann es werden viel falscher Pro=
pheten vñ Christen kommen in meinem
Namen/ mit falschen zeichen vnd wun
dern/ vnd werden viel verfüren/ luget
zu daß jr jnen nicht glaubet: Denn sie be
rümen sich des namen Christi hoch/
sie sitzen aber nicht auff dem stul Chri=
sti (wie die schrifftgelerten vnd Phari=
seer auff dem stul Mosi sassen. Matth.
23.) das ist/ sie leren das Euangelion
Jesu Christi nit/ sonder gleich wie die
hoffertigen ehrgeitzigen vnd eigen=

B   nützige

nsitzige Pharisecr zusamen bunde schwe
re vntreglidhe bürden / vnd sie dem
volck auff den halß legten/ aber selbst
mit keinem finger anregten: Also thun
vnsere Prelaten vnd Pfaffen auch die
wir für die aller geistlichsten menschen
haben/ die wir Gnad Herr vnd meister
heissen/ oben an den tisch setzen. Das
sindt eben die/ welche von dem glauben abgetretten sind/ Tim. 4. vnd anhangen den jrrigē geistern vñ lehren der
Teufel/ die da verbietē ehelich zu werdē/
vnd vnder einem keuschen schein / sind
sie selbst die aller gröste hürer. Sie verbieten die speiß von Gott geschaffen/
den glaubigen mit dancksagung zunies-
sen/ vnd sie selbst sindt die aller fressig-
sten menschen/ welche die gröste köpff
vnd feyseste beuch haben/ denen sie allein dienen vnd für jre götter haben/
Philip. 3. Vnd wirdt also in jnen er-
füllet/ das auch Paulus zu den Juden
sagt Rö. 2. Du lehrest andere vñ lehrest
dich selbst nicht: du predigst man soll
nicht stelen/ vnd du stilst; Du sprichst

man

man soll nicht ehebrechen/ vnd du selbst brichest die ehe/ dir grewelt für den abgöttern/ vñ du selbst raubest Gott was sein ist: du rümest dich des gesetzs vnd schendest Gott durch vbertrettung des gesetz/ denn ewert halben wirdt der Name Gottes verlestert vnder den Heiden. Also lehren vnd gebieten vnsere Pfaffen daß sie selbst nicht thun / sie schenden Christum durch vbertrettung seines Heiligen Euangelij/ vnd wird der Name Christi durch jr gottloß vnd ergerlich leben/ das sie offentlich one alle scham für Gott vñ d weldt füren/ geschmecht vnd gelestert. Jre lehre vnd leben geben zeugnuß ober sie selbst / daß sie eigentlich die falschen lehrer sind/ von denen der heilig Petrus sagt 2. Pet. 2. Die da neben einfüren verderbliche secten (viel orden/ regeln/ mancherley form vnd weiß Gott zu dienen / in sonderlichen stetten/ kleidung/ farben/ Schwartz/ Weiß/ vnd Grawe. 7c. mit wahl der speiß vnd dergleichen/ Aber alles on geist/ glaubē vñ warheit/ wie dan allein

B ij Got

Gott geeredt will sein/ Johan. 4. vnd verleugnen den Herren der sie erkaufft hat ꝛc. durch welche der weg der warheit verlestert wirdt/ vñ die durch geitz mit erdichten wortē an dem volck handtieren. ꝛc. die da wandelen nach dem fleisch in der lust der vnsauberkeit/ vnd die herschafften verrahten (Sie wöllen keinē König/ Fürstē od weltlichē Herrē von Gott verordnet/ vnd than sein/ mit zoll/ stewer/ schatzung/ Beeth/ zinß/ frondienst/ vnd anderē: sonder wöllen gantz frey sein/ vnd Herren vber alle Herren/ die doch aller menschen knecht sein solten) Sie sind keck vñ dürstig (sagt Paulus) Sie halten hoch von jn selbst/ sie erzittern nicht die Maiesteten zulestern. ꝛc. sie füren ein zartlichs leben/ vñ achten das zeitlich lebē für wollust/ zechen vnd zeren woll von ander leut gütern/ sie fressen der Armen Widwē heusser vnder dem schein des langen gebets/ Matth. 23. jre augen seind voll ehebruchs/ sie halten mit hüren hauß/ vnd jr sunden ist nicht zuweren. Es hat
auch

auch der Heilig Paulus von solchē leu=
then geweissaget/ 2. Timo. 3. In den
letzten tagen werdē grewliche zeittung
eintretten/ den̄ es werden menschen sein/
die von jn selbst halten/ geitzig/ stolz/
hoffertig/ lesterer/ den Eltern vnge=
horsam (als Mönch/ Nonnen in den
Clöstern/ sind auß dem gehorsam jrer
Eltern/ vnder Apt vnd Aptissin gezwun
gen) vndanckbar/ vngeistlich/ vn=
freundtlich/ starrig/ schender/ vnkeusch/
vngütig/ wilt/ verrether/ freffeler/
auffgeblasen/ die den wollust lieber ha
ben den Gott/ die da haben das geberd
eines gottseligen wandels/ aber sein
krafft verleugnen sie ꝛc. Ein frommer
Christ besehe vnd lese diese zwen Text
Petri vnd Pauli an jren ortten selbs/ vn̄
halt sie mit vleissigen vffmerckung ge
gen den gestifften vnserer geistlichen leu
then/ darnach vrtheil er/ so wirdt er
ein wunderbarlichen grossen grewel an
jnen sehen/ Nemlich ein sols verkertes
leben vnd vnchristlichen wandel/ die
sich mit Gott od seinem wort/in keinen

B iij weg

weg vergleichen. Auch verfürlich vnd
ergerlich sindt dem gemeinen armen
volck/ vñ gantz verderblich. Solt man
denn das Arme gemein Christen volck
nit für solchen vnschamhafftigen/
Ärgerlichen vñ gotslesterlichē menschē
warnen/ die es verfüren vnd verderben
an leib vñ seel. Nemlich wo es der Text
des heiligē Euangelij/ so noch ordnung
gelesen wirdt/ erfordert: Ja one zweiffell ist es hoch vonnöten/ dz ein iglicher
Prediger ernstlichē vleiß ankere an diesem ort/ diewail man offentlich siehet/
daß die warheit des heiligen Euangelij
also grimmiglich one vnderlaß von jnē
verfolgt wirdt. Kan man es aber je
stracks nicht leiden/ daß etwas von diesen feindē des Euangelij vor dem volck
in warnuß weiß geredt wirde: So kan
man auch dz Euangelion nicht leiden/
welches deñ stäts die Christen one alles
ansehen der personen für solchen leuten/
jren lehren/ vñ ergerlichē leben warnet.
Doch von jrē ergerlichē leben hernach
jm 9. Artickel gemeldet wird. Beschließ
also

also hiemit diesen Artickel/ das ich jnen gestehe/ aber dermassen wie daruon geredt/ vnd nicht bloß wie er verzeichnet ist/ sonder mit andern anhengenden schrifften/ die solches zu reden verursacht haben/ damit das volck für den reissenden wolffen zu warnen/ hoff ich möge es auch vor allen gutherzigen frommen Christen verantworten/ daß ich daran nicht vnrecht gethan habe/ auch forters nicht vnrecht daran thun werde/ so offt vnd dick mir der ordentlich Text daruon zu reden begegnet. Das Euangelion schmeichlet den halßstarrigen verstockten Phariseern gar nicht: wer jnen aber schmeichlen will/ der gehet neben dem Euangelio/ ꝛc.

Der ander Artickel.

Reneysen hat auff mitwoch noch sanct Michels tag gesagt: Die leutte hoffen fast auff ein Concilium/ sie sollen sich nichts daran keren.

B iiij Dieser

Antwort.

Dieser Artickel ist verzeichnet mit deinem B. darumb achte ich er sol der ander in der ordnung sein/ dieweil er nach dem ersten daß gröst ansehens hat vor den menschen/ die des heiligen Euangelij vnbericht/ viel vnd groß halten auff menschen satzungen/ mit welchē man doch Gott vergeblich dienet/ Mat. 15. Ich gestehe aber diesen Artickel gantz wie er geschriebē/ hab jn auch mit viel mehr worten vnd vleissiger angezogē/ deñ er albie beschrieben ist/ vñ verhoff ich hab es nicht vnchristlich gethan/ diewel mein pflicht erfordert/ das heilig Euangelion vnd den Bestendigen warhafftigen glauben in Jesum Christum zu predigen/ welcher allein die warheit/ der weg/ vnd das leben ist/ Joh. 14. jn diese weldt kommen/ zu verkünden der Armen das wort göttlicher gnaden vnd barmhertzigkeit Beschlossen in dem ewigen Concilio: vñ aber kein menschlich Concilium auff

erden

erden jmmer besser sein noch werden
mag (dieweil alle menschen lugner
sein/ psal. 115. Rom. 3.) denn das
göttlich Concilium ist/ welches vns
der Sohn Gottes die ewige göttliche
warheit selbst verkündiget hat: hab ich
dasselbig gnadenreich Concilium nem=
lich daß Euangelion Jesu Christi/ vber
alle menschliche Concilia fürgezogen/
als in welchem allein vnser heil vnd se=
ligkeit begriffen ist/ so wir jm von her=
tzen anhangen vnd glauben. Deñ je vn
ser glaub/ nicht auff menschen vnd jren
gutduncken/ sonder auff Gott vnd sei=
nem wort bestehen muß/ 1. Co. 2. wol
len wir anderst selig werden. Welcher
mensch dem Euangelio Christi glau=
bet/ der wird selig: Welcher aber dem
selbigen nicht glaubet/ vnd von hertzen
anhanckt/ der wird verdampt/ Mar.
16. Vnd mögen jm alle Concilia sampt
jren satzungen nit vmb ein lorber helf=
fen. Ja was solten sie können helffen
oder zum ewigen leben forderen/ so sie
doch gantz vnbestendig vnd offt fast

B v gröblich

gröblich geirret haben/ wie hoch sie sich gleich des heiligē Geists berümen. Es ligt je am tag vnd kan nicht geleugnet werden/ daß sie viel satzungen fürgeben/ die offentlich wider Gottes wort sind/ auch so haben etliche Concilia viel ding bestetiget vnd für Christlich gehalten/ welche andere nachfolgende Concilia widerumm als vnchristlich verdampt haben. Darzu so ist der Concilien grosse handlung/ damit sie bißher vmbgangen sind/ von jren eignen personen/ hohe wirdigkeiten/ pfründen/ Bistummen/ vnd zeitlichen güttern: Aber fast wenig vom rechten glauben/ liebe/ vnd Christlichem leben. Ich bezeuge mich vff jre eigene Bücher des geistlichen rechtens/ die besehe man mit vleiß/ so wird man der Concilien handlung offentlich spüren/ vnd begreifflich mercken/ wo inen das hertz stecke/ vnd was geists sie besessen habe/ vff den der heilig Paulus gleich als mit einem finger zeiget/ 1. Timo. 4. Denn sie haben je die ehe vnd speiß verbotten
von

von Gott allen Christen erlaubt/ darumb sie (als Paulus daruon redet) von dem glauben abtrinnig/ den jrrigen geistern vn̄ lehrē der Teufel sind anhengig wordē. Was soll man sich dan jr verdrösten/ oder vff sie harren vnd verlassen: Fürwar gar nichts/mā woll dēn gern verfüret vnd mit lügen betrogen sein. Dieweil jm nun also ist/ vnd mit jren eygen büchern bezeuget mag werden/ daß die Concilia jrrig vnd einander selbst widerwertig erfunden/mit bannen vnd verdammen/ darzu viel mehr vff jre eigene wort vnd werck treiben zu vergeblichem dienst Gottes/ dēn vff Gottes wort/glauben vnd liebe des nechsten/ in welchem allein ein Christlich leben zu ewiger seligkeit fürderlich begriffen ist: So hoffe ich/ dieser Artickel sey nicht vnchristlich von mir geprediget/ damit das volck lerne seinen glauben nicht stellen vff menschliche lügen vnd jrthumb: Sonder vff göttliche warheit vnd gerechtigkeit.

Denn

Denn ein Rechter Christ muß in des
glaubens sachen nicht jrrem/zweifflen/
oder vngewiß sein: Sonder er muß in
seinē hertzen aller ding gantz versichert
vnd gewiß sein/jm warhafftigen wort
Gottes/Heb. 11. sonst möchte er nicht
selig werden. Solche sicherung mögen
alle Concilia auff erden nicht leisten/
sonder allein Gott/der sein warhafftigs
krefftigs wort durch seinē heiligē Geist
in vnsere hertzen schreibet/Jere. 31. Heb.
8. Damit er vnsern geist versichert/das
wir kinder vñ erben Gottes sein/Rom.
8. Die Concilia schreiben woll auff per-
gament vnd papier was jr gutduncken
sey: die warheit aber können sie jn der
menschen hertzen nicht schreiben/noch
viel weniger der gnaden Gottes vnd der
ewigen seligkeit versichern mit jren erdichten laruenwerckē. Darum beschließ
lich daruon zureden/ Sage ich also:
Wan schon die gantze weldt zusamen
keme in ein Concilium/vnd etwas han
delt one/oder wider Gottes wort (Als
vor offt geschehen ist) was were es an-
derst/

berst/ denn ein grosser hauff vermaledeiten lugner / auff welche niemans
sein vertrawen oder glauben stellen
kan. Ja viel weniger denn auff die En
gell/ welche doch auch der heilig Geist
als lugner vermaledeiet/ wo es möglich were/ daß einer vom himmel keme/
vnd ein ander Euangelion leret/ den
schon der Sohn Gottes vnd seine Apo
steln geleret vnd verkündiget haben.
Gall.1. Derhalben ich das gemein volck
offt vnd dick gewarnet hab/ vnd so
mirs die materi in die handt gibt/ so
warne ich auch noch mit allem vleiß
daß sich kein mensch auff Concilia ver-
trösten sol/ nemlich die nicht puer Got
tes ehr vnd der menschen heil in Gottes
wort suchen: sonder allein jren Pracht
vnd eigen nutz. Denn die Concilia habē
offt (wie vor gesagt) schädlich geirret
ausserhalben Gottes wort: mögen auch
noch (wo sie nicht Gottes wort für die
handt nemen) verderblich jrren vnd
betriegen. So sich denn ein mensch darauff verließ/ were er ewiglich verdāpt:
Gottes

Gottes wort aber kan weder jrren noch liegen oder betriegen/ vnd verheisset das ewig lebē allen glaubigen/ ꝛc. Hiebey hab ich nicht verworffen Christliche versamlungen die Gottes wort für augen haben/ vnd allein nach demselbigen handlen. Denn Christus spricht/ Matth. 18. Wo zwen oder drey in meinem Namen versamlet sind/ da bin ich mitten vnder jnen. Es ist aber zubesorgen daß ein solches Concilium jm Namen Christi zu vnsern zeiten noch lang nicht zusamen komme. Darumb welcher mensch also döricht were/ der darauff wolt warten/ vnd in mittler zeit seinen glauben vff die äbentewer lassen anstehn/ biß dz jnen ein Concilium vnderrichtet was er glauben solt/ wo jm dieweil der thodt vorkeme/ daß er das Concilium nicht erlebte: der hat schon seine seligkeit vff äbentewer verspilet. Darum̄ laß mā Concilia Concilia bleiben/ vnd halt sich allein an den Sohn Gottes/ man höre denselbigen/ wie die vätterliche stim vom him̄el lehret/
Matth.

Matth. 17. So mag vnß nicht miß=
lingen/ denn er hat vns das recht war=
hafftig vnd gnadenreich Concilium
Gottes offentbaret in dieser weldt/ wel
cher mensche demselbigen glaubt/ der
wird selig. Was können vns andere
menschliche Concilia darzu geben: für=
war nichts/ darumb vff sie nichts zu=
hoffen ist. Laß diesen Artickel also fest
vnd krefftig bleiben/ wie er vffgezeich-
net ist/ vñ scheme mich auch gar nicht/
daß ich jnen geprediget habe.

Der drit Artickel.

Niclas Reneysen hat gepredigt vnd gesagt/ Christus sey
daß einig Priestertumb/ vnd be
dörff keiner ernewerung durch
meß jnsetzen.

Antwort.

Diesen Artickel hab ich also geredt
auß grudt d' Epistel zu den Hebre
ern am/7. 9. vñ 10. cap. Christus
ist

ist aller Christen menschen einiger vnd ewiger hoher Priester/ der sie nun vor seinem himlischen Vater ewiglich vertrit vnd versönet/ hat auch ein einigs/ vnbeflecks/ reines/ heiliges opffer für sie gethan einmal am Creutz/ welches nun ewiglich gilt vnd alwegen krefftig ist für die sünden aller glaubigen auſſerwelten menschen. Darumb bedarff man nun keines andern newen zeitlichē vnd leiblichen Priesterthumbs sampt jren opffren/ denn Christus hat das zeitlich vnd leiblich Priesterthumb jm gesetz Mosi einmal auffgehaben/ vnd in jm selbst geistlich vñ ewiglich erstattet/ hat kein anders leiblichs vnd zeitlichs Priesterthumb jm newen Testament verordnet noch jngesetzt. Aber alle Christen menschen sind geistlich Priester jn Christo/ 1. Pet. 2. Darzu hat er selbst sein opffer für der menschen sünd auff einmal außgericht/ gantz volkommentlich vnd genugsam/ Heb. 10. Also daß kein and opffer mehr hinderstellig ist vor die sünde. Darumb bedarff man keines

keines andern opffers mehr mit Meß
lesen/ vnd darzu mißbrauchen Brot vn̄
wein des Herren Nachtmals / die er
doch selbst nicht geopffert hat / sonder
den Jüngern zu essen vnd drincken ge-
ben/ vnd damit/ in krafft des geglaub-
ten worts / auch zu niesen seinen warhafftigen leib vnd bludt/ vnd solches
Befolhen zuthun (nemlich zu essen vnd
zu trincken nicht zu opffern) zu seiner ge
dechtnuß/ ja er kan von keinem menschen mehr geopffert werden / denn er
ist nun von den thoten aufferstanden zu
einem ewigen vnsterblichen leben/ vnd
wird hinfurter nit mehr sterben / der
thodt wirdt nicht mehr vber jn her-
schen/ Rom.6. Die zu sage ich nun daß
dieser Artickel/ wie ich jnen angezeigt/
wird fest bestehen vnd war bleiben/ so
lang als die Epistel zu dē Hebreern war
bleibt in jrē rechten gesunden verstandt
one menschen zusatz. Welche Epistel
auch vnsere vermeinte geistlichen nicht
verleugnen können/ den̄ sie sich derselbigen offentlich gebrauchen mit singem

C   vnd

vnd lesen in jren Kirchenämptern/
vff die selbige bezeug ich mich/ nemlich
vff das 7. cap. darin vndern andern
worten/ also schrifftlich geredt wirdt/
daß Christus ein ewiger Priester vff-
kommen sey/ nicht nach dem gesetz des
fleischlichen gebots/ daß ist/ nicht nach
dem gesetz Mosi: sond nach der krafft
des vnendtlichen lebens/ nach der ordnung Melchisedech/ der ein König zu
Salem/ das ist/ Jerusalem beschrieben
wird/ one geschlecht/ one Vater/ one
Mutter/ one anfang vnd one endt seines lebens/ zu einer figur des Sohns
Gottes/ welcher Priester ist in ewigkeit/
Bestetiget durch den geschwornen Aydt
Gottes/ psal. 109. Der HERR hat geschworen vnd wird jn nicht gerewen/
daß ist/ er wirdts nicht enderen. Du bist
Priester in ewigkeit nach der ordnung
Melchisedech/ welcher weder anfang
noch endt hat in d schrifft. Also ist auch
Christus ein ewiger Priester.

Der leiblichen Priester waren viel zu
der zeit des gesetz Mosi/ vñ musten ihr
viel darumb seyn/ vñ je einer nach dem

andern komen/ daß sie vergenglich vnd sterblich waren (wie noch heut bey tag vnsere vermeinte Priester auch sterblich seind) Darzu selbst auch mit schwacheit d' sünden beladen (wie vnsere priester auch vber die schwacheit d' sünden mit verstockter boßheit beladen sind) mochtē derhalbē nichts volkomen auß richten: Aber Christus / darumb daß er ewig bleibt/ hat er ein vnuergenglichs Priestertumb/ daher er auch ewig selig machē kan/ die durch jnen zu Gott komen/ Vñ lebt jmerdar vns zuuertretten (was bedörffen wir dañ nun anderer zeitlichē vñ leiblichen Priester mehr?) deñ ein solchen hohē priester (sagt d' Text) zimpt sich vns zu habē/ d' da were heilig/ vnschuldig/ vnbefleckt/ võ den sündern abgesondert/ vñ höher worden deñ der himel ist (dz zil hat kein Pabst nach Bischoff je erlanget) dem nicht deglich not were/ wie jenē hohē Priestern jm gesetz/ zu erst für seine eigne sünde opffer zu thun / darnach für des volcks sünde (wie vnsere Priester auch noch vermeinen Christum jm Sacrament täglich

C ij für

für die sünde zu opffern) denn solches hat Christus gethan (vnd ist auch allein sein Ampt das keinem menschen zuthun gebürt) da er einmal sich selbst opfferte. Denn das gesatz setzt menschen zu hohen Priestern/ die da schwacheit haben (dergleichen das Bapstumb mit seinen erdichtē eydtsgenossen auch handelt) das wort aber des eydts dēn der Herr nach dem gesetz geschworen hat/ setzet den Sohn ewiglich. Also ist offenbar in außgetruckten worten desselbigen 7. cap. zu den Hebreern/ daß das gesatz Mosi vmb seiner schwacheit vnd vnnutz willen/ durch Christum vffgehaben vñ verendert ist in das gnadenreich Euangelion/ auch das zeitlich vnd leiblich Priestertumb vmb seiner vnuolkommenheit willen vffgehaben vnd verendert ist/ in ein ewigs vnd geistlichs Priesterthumb/das nun ewig weret in Christo/ der sich gesetzt hat zu der Rechten des Stuls der Maiestet jm himmel/Hebre. 8. vnd 10. Dergleichen weret auch sein opffer ewiglich/
welches

welches er einmal volkomlich vñ gnug
sam für vnsere sünde am Creutz geopffert hat/ Hebre.10. Daß also die rechten
Christen menschen/ forthin keines andern leiblichen Priesters mehr vff erden
bedörffen/ auch keines andern opffers
mehr für jre sünde/ dieweil das einig
opffer Christi vff einmal geschehen/
(als der Text lauth) ewig volkommen
ist für aller Christgleubigen menschen
sünde. Die wort sindt je klar gnug/
Hebre. 9. Vnd lassen sich nicht verbergen noch verdunckeln also. Christus ist
durch sein eigen Blut einmal in das heilig eingangen vnd hat ein ewige erlösung fundē/ Besehe dē Text woll fromer
Christ/ Er spricht einmal/ sagt auch/
Ein ewige erlösung/ merck was dz ist/
vnd laß dir die wort durch menschliche
behendigkeit nicht auß deinen augen
reissen/ oder verdunckeln. Ferrers/ Hebre. am 10. Steht geschrieben: Christus
da er hat ein opffer für die sünde geopffert das ewiglich gildt/ ist er gesessen
zur Rechten Gottes/ vñ wartet hinfür

C iij Biß

Biß daß seine feindt zum schemel seiner füß gelegt werden. Denn mit einem opffer hat er vollendet in ewigkeit die geheiligten. das ist / er hat durch sein einiges opffer am Creutz / ewiglich bezalt die sünde aller frommen außerwelten Christen / also daß sie nun forter / so lang die weldt steht / keines andern leiblichen Priesters oder sündopffers mehr bedörffen. Folget im Text. Es bezeuget vns aber des auch der heilig Geist / Hiere. 31. Denn nach dem er zuuor gesagt hat / das ist das Testament / das ich jnen machen will nach diessen tagen / spricht der HERR / ich will meine gesatz in jre hertzen geben / vnd in jre sinne will ich sie schreiben / vnd jrer sünden vñ vngerechtigkeit will ich nicht mehr gedencken / Wo aber solche vergebung ist (wie wir den vergebung der sünden in vnserm heiligen glauben offentlich bekennen) da ist nicht mehr opffer für die sünde / was bedarff man den der opfferenden Messen vnd Meßleser? Fürwar nichts. Wan wir aber das einig

nig vnd ewigwerende opffer Christi
für die sünde noch mehr wöllē opffern/
so schmehen wir Christum vnd sein
ampt/ darzu verleugnen wir offentlich
diesen Artickel Christlichs glaubēs/ Ver
gebung oder nachlasung der sünde. Deñ
so lang vnd viel wir für die sünde noch
opffern / als lang glauben wir auch
nicht/ das sie verzihen sey: So sie denn
noch nicht verzihen were/ so were auch
Christus noch nicht gestorben / hette
auch noch nicht sein blut vergossen zur
vergebung der sünden / vnd were daß
gantz newe Testament falsch. Siehe
du frommer Christ / was für gotsleste
rung auß dem Meßopffern folget. Da
rumb laß sich niemandt den gleissenden schein betriegen / die warheit so
sie erkant wird/ schlecht in gantz zubo
den. So aber die vernünfftweissen alhie woltē sagen: ja es ist war/ Christus
hat einmal durch sein opffer am Creutz
die sünden vergeben: Aber nun fallen
wir doch noch allezeit teglich widerum̄
in die sünde/ darum̄ ist vns wider solche tägliche sünde/ ein täglichs opffer

vonnöten. Solches opffer thut man
nun in der Meß/ da man Sacrament-
lich handelt den waren leib vnd blude
Jesu Christi. Antwort: Gegen den täglichen sünden vnd täglichen opffern/
setze ich die ewige vollendung vnd Bezalung des ewigen vnd ewigwerenden
opffers Jesu Christi/ dardurch vff ein
mal volkomlich bezalet sind aller glaubigen sünde/ mit denen sie auß schwa-
heyt vnd blödigkeit jres fleisches beladen sind gewesen/ von anfang d̄ weldt
her/ vnd jetzundt nach der zeit beladen
sind/ auch noch beladē werden biß zum
ende der weldt. Solchen verstand tregt
warhafftig vff jm dz wörtlein (ewig)
welches das wort (täglich) nit erlei-
den mag. Denn was täglich ist/ das
ist auch zeitlich vnd nicht ewig: Einig
vnd viel stehn nicht in einem stall/ dergleichen auch ewig vnd täglich stim̄en
nit zusamen/ je eines muß dem andern
entweichen. Sind die täglichen opffer
gerecht/ dere etwan viel on zall alle tag
geschehen in Tempeln/ Stifften/ Klö-
stern/

stern/ vnd Clausen von den Meßlesenden Priestern: So folget one widerred/
daß das einig vnd ewig opffer Christi/
muß vnrecht vnd falsch sein. Ist aber
dieses gerecht vnd volkommen wie die
geschrifft sagt: So muß das täglich
falsch sein/ sie können nicht Beide gleich
gerecht sein / als wenig als weiß vnd
schwartz ein farb seind. Zum Andern/
Gegen dem Sacramentlichen opffer
des leibs vnd bluts Christi/ Setze ich
daß Testament Christi. Denn je Christus die verzeihung der sünden/ durch
den thodt seines leibs/ vnd vergiessung
seines bluts (welche Beide er seinen Jün
gern jm Nachtmal mit Brot vñ wein in
krafft des glaubens an sein wort/vber-
geßen hat zu essen vnd trincken zu seiner
gedechtnuß) Nennet ers ein New Te-
stament/ vnd nicht ein opffer. Er heist
die Jünger auch essen vnd trincken/
vnd heist sie nicht opffern. Besehe du
frommer Christ/ den Text vom Nacht
mal Christi/ Matth. 26. Mar. 14.
Luc. 22. 1. Cor. 11. So wirstu die war-
C v heit

heit selbst erkennen. Was vndernimpt
man sich dan/ in den geschefften Christi etwas zuthun/das er nicht geheissen/
oder anderst zu machen / deñ wie er ver
ordnet hat? Es sihet gar nahe einem
freuel änlich. Damit ich aber diesen Article,endtlich in einer summa beschlieβ:
Sage ich also/ Christus hat das vnuolkomlich gesetz Mosi/ sampt dem leiblichen vñ zeitlichen Priestertumb/ auch
seinen opfferen vffgehaben / vnd vff
sich selbst gezogen alle ding geistlich/
volkomlich vñ ewiglich auβzurichten/
daβ nun forter im Newē Testamēt bey
den Christen/keines besondern leiblichē
Priesters / auch keines teglichen vnd
zeitlichē sündtopffers mehr noth were:
Sonder daβ alle Christen durch jn vnd
in jm one vnderscheidt der Personen/
geistliche Priester weren/nit an den fingeren gesälbet/ sonder jm hertzen durch
den heiligē Geist./1. Joh. 2. Zu opffern/
nich Christum (wie die vermeinten
Priester sich vermessen) sonder geistliche opffer / die Gott angenem sind
durch

burch Chriſtum / 1. Petr. 2. Darzu der
heilig Paulus auch ermanet Rom. 12.
Ich ermane euch liebe brüder / durch
die barmhertzigkeit Gottes / daß ihr
ewere leib begebet zum opffer / das da
lebendig / heilig vnd Gott wolgefellig
iſt / welches iſt ewer vernünfftiger Got
tes dienſt / Pſ. 50. Ein betrübter Geiſt
iſt Gott ein opffer. Pſal. 4. Opfferet
Gott das opffer der gerechtigkeit vnd
hoffet in den HERREN / Pſal. 150.
Ich werde dir vffopffern das opffer
des lobs / Heb. 13. Die frucht der leffzen
die da bekennen deinen Namen / 2c.
Welcher nun ein frommer Prieſter will
ſein im Newen Teſtament / der luge
daß er ein frommer Chriſt ſey / Man
oder weib / vnd daß er ſeinen eygnen
leib täglich opffer / das iſt / die böſen fleiſchlichen luſten vnd begirden in
jm ſelbſt erwurge vnd tödte / Coloſſ. 3.
Sie nicht laß regieren / Rom. 6. damit ſie nicht jn der theilhafftigkeit des
einigen vnd ewigen opffers Chriſti berauben vñ des ewigē thodts erwürgen /
Rom. 8.

Rom.8.Kein mensch kan Christū opf-
feren/er hat sich selbst vff ein mal ge-
opffert/das ist ewiglich gnug für die
sünden/der mensch opffer sich auch
nun selbst im glauben/so ist er ein rechter Christlicher Priester. Welcher sich
aber selbst nicht opffern will/sonder
vermeinet je Christum mit Messen zuopfferen: ist zubesorgen er sey verrucht/
den Creutzigern Christi gleich/vnd eines Christlichen Priesters namen nicht
wirdig/es acht jnen schon die welt war
für sie wolle/das wort Gottes besteht
vñ kan nicht fehlen: aber der weldt vnd
vernunfft vrtheil fehlet in allē göttlichē
sachen/1. Cor. 2. Von dem Meß opffer wird auch hernach gesagt/im 5.Ar
tickel.

Der viert Artickel.

N. Reneysen hat gesagt/Ge
satz heisse in Gottes wort glau-
ben/Auch gesagt/man soll kein
täglichen Priester haben.

Der

Antwort.

Er diesen Artickel verzeichnet hat / der hat mich entweders nicht recht verstanden: oder aber sich jm schreiben vbersehen. Denn ich hab nicht also geredt / Gesatz heist in Gottes wort glauben: Sonder also hab ich geredt / Das gesatz halten vnd erfüllen / heist Gottes wort glauben / vnd den nechsten lieben / darzu dienen mir vnder viel andern geschrifften diese sprüch Rom. 10. Vom glauben: Christus ist des gesetz ende / daran rechtfertig wird wer da glaubet. Ité / Gal. 5. Jch bezeuge / ein iglicher der sich beschneiden lest / daß er noch des gantze gesatz schuldig ist zuthun / ihr sind aber von Christo / wan ihr durchs gesatz rechtfertig wollet werden / vnd habt der gnaden geselet: wir aber warten jm geist der hoffnung daß wir durch den glauben rechtfertig seien / 2c. Von der liebe / Rom. 13. Gall. 5. Wer den anderen liebet / der hat das gesetz erfüllet / denn das gesatz ist /

ist/ Du solt nicht ehebrechen/ Du solt
nicht thödtē/Du solt nicht stehlen/ Du
solt nicht falsche zeugnuß geben: das
wird in diessem wort verfasset/Du solt
deinen nechsten lieben als dich selbst.
Die liebe thut dem nechsten nichts böß/
So ist nū die liebe des gesetz erfüllung.
ď Artickel ist kaum also viel rede werdt.
Will man predig hören/ so höre man
recht darauff/ vnd so man sie nach
schreiben will/ so sehe man wol dar-
auff/ daß man nicht ein ƥ. für ein v.
setze/ denn es macht die zall baldt
groß/ vnd ist doch nicht viel sonst dar
hinder. Waß ist solches klütterschrei-
bens vonnöten/ vnd wer künte zů letzt
solche klütterey all gnugsam verantworten? Ich hab auch nicht geredt
von täglichen Priestern/ wie der Artickel laudt: sonder von leiblichen vnd
zeitlichen Priestern/ wie oben jn dritten Artickel bekant ist. Hiemit sey
es jetzundt gnug geant-
wort vff das klüt-
terwerck,

Der

Der fünfft Artickel.

Vff Sontag nach der heilige drey König tag / hat Niclaß Reneysen geprediget / vnd als er vnder anderem der Priester zu redt wart / gesagt: Er wölt alle Priester gewarnet haben Christum zu opffern wie bißher / deñ Christus were einmal geopffert / vnd wer jn widerumb opfferte: der henckt jn vñ thöt jn. Vnd wo meßhalten gut were / künt ers auch noch wol / wo er aber wie bißher meßhalten müst / wolte er ehe vmb das sew ampt zuhüten bitten / wo man jme es leien wolt. Vnd sagt / wan man Meß helt / so opffert man jn wider / henckt
vnd

vnd thöt jn / vnd stellet jn jns
heussell vnd brendt lichter dar=
für / das were wider gethödt.

Antwort.

Zwen puncten werden in diesem
Artickel begriffen: Der erste / wen
man Meß lese / nach der Päbstli=
chen Kirchen ordnung / so Creutzige
man Christum widerumb. Der ander
Punct ist von insperrung des heiligen
Sacraments in die heußlein oder mon=
strants / ɾc.

Den ersten Puncten zuglauben / be=
wegt mich nicht meine eigene meinung /
sonder die heilige göttliche geschrifft /
welche kein frommer Christ laugnen
kan. Denn in dem dritten Buch Mosi /
da anfenglich vnd figurlicher weiß von
den opffern des gesatz gehandtlet wird /
fürnemlich aber von den Sönopffern
vñ Brandtopffern der vnuernunfftigē
thiern / welche auff Christum gedeutet
haben / da heist das wörtlein (opffern)
so viel

so viel als tödten / da man hat dieselbigen thier müssen würgen / tödten vnd
ihr blut vergiessen / das volck damit
besprengen zu eusserlicher vnd leiblicher
reinigkeit/daß also keine vergebung der
sünden geschehe nach dem gesatz one
blut vergiessung / Heb. 9. Dasselbig
opffern vnd tödten der thiern hat gedeutet auff Christum/ der ist auch erwürget vnd getödtet worden / hat sein
blut vergossen / da er sich am Creutz
geopffert hat für die sünden / zu reinigen vnsere seelen oder gewissen. Daruon
haben wir ein klaren Text jm Newen
Testament /Heb. 9. So das blut der
Ochsen vnd der Böck (dauon Leuit.
16.) Vnd die Aschen von der Kuhe ge-
sprenget/ (dauon Num. 19.) Heiliget
die vnreinen zu der leiblichen reinigkeit:
Wie viel mehr das blut Christi / der
sich selbst one mackel durch den heiligen Geist Gott geopffert hat / wird
vnsere gewissen reinigen von den todtē
wercken zu dienen dem lebendigen Gott.
Auß dem versteht nun jederman klar
gnug/

gnug / was das wörtlin (opffern)
heist / soniel es hieher vff Christum dienet / vnd welches die Meßpriester in
jrem kleinen vnd grossen Canon brauchen / Nemlich heist es schlachten würgen / tödten / vnd blut vergiessen / denn
man must jm alten Testament die vn-
uernünfftigen thier / so zu sündopffern
gebraucht worden / tödten / vnd ihr
blut vergiessen / Leui. 4. vnd anderen
nachuolgenden Capiteln. Aber jm Newen Testament / ist Christus selbst das
sündopffer / Rom. 8. 2. Cor. 5. Heb.
4. Der ist auch getödt worden vnd hat
sein blut vergossen für vns / Matth. 27.
Mar. 15. Luc. 23. Johan. 19. Solches ist einmal geschehen / vnd ist
gnug für der welt sünde / Johan. 1.
aller der die an jn glauben. Denn er
hat damit eine ewige erlösung funden /
Hebre. 9. vnd in ewigkeit vollendet die
geheiligten / das ist / alle Christen / von
anfang biß zum ende der welt / hat
er durch seinen todt dem Vater versönet vnd zu gnaden bracht / Hebre. 10.
Rom. 5.

Rom. 5. Ist darnach widerumb vfferstanden zu einem vnsterblichen leben/
Vnd kan forter nicht mehr sterben/
Rom. 6. Wo aber solches sein einigs
opffer/ vff einmal geschehen/ nicht
gnug were/ vnd müste noch offtmals
geopffert werden (wie jn die vermeinten geistliche Meßleser sich vermessen zu opfferen) so müst auch Chri
stus offt mals leiden vnd sterben/ Heb.
9. Da sehe nun ein frommer Christ zu/
vnd hab acht daruff mit vleiß (denn
je hie nit zuschimpffen ist) was mit
diesem Meßlesen geschicht / darinn
man Christum jm heiligen Sacrament vndersteht zuopffern one seinen
Beuel / vnd wider die Helle Clare
geschrifft / welcher geschrifft so wir
glauben wollen (wie Billich) gibt
sie offentliche gezeugnuß / daß die
Päbstische Meßleser vnd opfferer/
anderst nichts thun / so viel an
jnen ist) denn daß sie Christum

D ij wider

widerumb Creutzigen vnd tödten / der
Text/ Heb. 9. lest sich nicht verbergen/
da also geschrieben steht: Het sich Chri
stus offtmals sollen opffern / so hette
er auch offtmals müssen leiden von an
fang der welt her. Nun aber am ende
der welt ist er einmal erschienen durch
sein eigen opffer/ die sünde vffzuheben.
Mercke hie in diesem spruch / wie opf
fern vnd leiden gegen einander gesetzt
sind/ vnd für ein ding gebraucht wer
den. Darnach mercke wie Christus die
sünde vffgehaben hat aller seiner auß
erwelten glaubigen durch sein eigen opf
fer/ das er selbst vff einmal außgericht
hat/ vnd wil sie nicht aller erst vffhe
ben durch der pfaffen Sacramentisch
opffer/ welchs sie selbst erdicht haben
in der Meß/ damit sie gantz vermeß
lich handelen/ rc. Darumb sie auch on
widerred/ die verstockten menschen sind
so von rechtem glauben entfallen/ Heb.
6. Die allen jren trost vnd hoffnung al
lein setzen vff ire eigene werck vnd gnug
thun/ vnd nicht in das einig leiden Jesu
Christi/

Christi / die da nicht glauben / daß es
zu dieser zeit mehr gelt / vnd noch krefftig sey die sünden aller glaubigen außzutilgen biß zum ende der welt: Sonder faren zu / vnd opfferen jn widerumb für die sünde der glaubigen lebendigen vnd todten. Wo aber Christus geopffert wird / da wird er getödt (so viel am opfferer ist) vnd sein blut vergossen wie die heilige schrifft anzeigt / vnd oben bewisen ist / Also Creutzigen sie widerumb jnen selbst den Sohn Gottes vnd halten jn für ein spot / Heb. 6. pfuch des Meßlesens / ja pfuch der grossen blindtheit / daß man die warheit nicht sehen / noch den gottlosen grewel erkennen will: Sie seind auch die mutwilligen sünder / Heb. 10. Das ist / sie sind die vnglaubigen die den Bundt Gottes brechen. Denn Gott hat vns verheissen er woll vns durch seinen Sohn ein gnediger Gott sein / so wir allein an jn glauben / daß er vnser König vnd Priester / mitler vñ fürsprecher sey. Solches glauben die Meßopfferer
D iij nicht /

nicht / sonder mit jrem täglichen opffern / schmehen vnd verachten sie das volkommen vnd ewig Priesterthumb Christi / sampt seinem einmal gethanen krefftigen vnd ewigwerenden opffer / nach welchem kein ander opffer hinderstellig ist / Hebre. 10. Das heist den Sohn Gottes mit füssen tretten / das blut des Testaments vnrein achten / vnd den Geist der gnaden schenden. Was könte doch grewlichers von einem menschen geschehen? Vnd dieweil sie nun nicht glauben an das einig volkommen vnd ewig Priesterthumb Christi / vnd das sein einiges opffer ewiglich krefftig sey / zuuerzeihung aller glaubigen sünden / für welche er gnug gethan hat / Esai. 53. 1. Pet. 2. Rom. 3. Vnd 5. Ephes. 1. Colos. 2. 1. Johan. 2. Johan. 1. (Denn wo sie solches glaubten / wurden sie jn nit mehr vnderstehn zu opfferen / vnd ein newes opffer anrichten mit seinem Brot vnd Kelch / das er doch nicht befolhen hat) Folget one wider-

widerſprechlich/ daß ſie des HER-
REN Brot vnd Kelch vnwirdiglich
eſſen vnd trincken zum gericht/ vnd
werden ſchuldig an dem leib vnd Blut
Chriſti/welches nichts anderſt iſt/dañ
Chriſtum widerumb Creutzigen vnd
tödtē ſo viel an jnen iſt/Ich geſchweig
alhie der groſſen vnchriſtlichē kauffmā
ſchafft vnd krämereyen/ ſo vber alle
Franckforter vñ Nürnberger Meſſe/
in dieſen pfäffiſchē opfferendē Meſſen
in Judas Namen außgericht werden/
Sie koſtē vnauſſprechlich groß gut vñ
gelt/ ſo man ſiehet vff der Stifften
vnd Clöſter Järlichs inkommens/ꝛc.
Welches alles vff die Meß gericht iſt.
Darumb ſage ich bey dieſem erſten
Puncten/ vnd glaube nach anzeigung
der ſchrifft / daß alle die jenigen/
ſo Chriſtum in der Meß vnderſtehn
zuopfferen: die tödten vnd Creutzigen jn widerumb/ ſo viel an jnen
iſt. Derhalben gerewets mich noch
nicht/ daß ich die vermeinten Prieſter von ſolchen opfferenden Meſſen
D iiij gewarnet

getrennet habe. Es soll mich auch (ob
Gott will) nicht gerewen so ichs schon
mehr thun würde/ wo mir raum vnd
platz geben wirt Gottes wort zuuerkün
digen/ dardurch forderlich Gottes ehr
vnd der menschen heil gesucht soll werden. Des sew hütens halben (dauon jm
Artickel gemeldet wirdt) sage ich also.
Es were ja tausendt mal besser es hüt-
tet einer der sew/ denn daß er Christum
opfferte vnd Creutziget/ Vrsach ist die
wan etwan schon eine sawe von der
herden verlorē/ darumb er rede vnd ant
wort müste geben: So were er dennoch
(wen es gleich fast böß würde) gegen
den Bawern zuuerthedigen vñ mit gelt
zubezalen: So aber ein pfaff durch sein
gotslesterlich opfferen/ vnd vnwirdi-
ges handelen der heiligen Sacramen-
ten/ des warhafftigen leibs vnd bluts
Christi/ sein seele verlöre/ das were fürwar gegen Gott in keinen weg zuuerthe
digen/ Es möchte auch der schade vnd
verlust mit aller welt gut nicht wider-
keret vnd bezalt werden. Denn was kan
der

der mensch geben damit er seine seel er-
löse? Matth. 16. Marc. 8. Luc. 9. Ist
darumb nicht also gar vbel geredt/was
ich von sewhirten gesagt hab. Es sind
warlich viel pfaffen/ die täglich Meß
lesen/ denen zu jrem heil viel nützer we-
re/ daß sie der sewe hüteten: sie weren
auch etwan viel geschickter darzu/ den̄
daß sie des Armen volcks hirten sollen
sein: Die sewe weide were jnen Besser be-
kant/ denn die Bibel vnd der seelen wei
de des worts Gottes. Es ist je nicht
Böß/ ein sewhirt zusein: Aber fast Böß
ist es/ vnder einem geistlichen heiligen
Namen/ ein sewisch/ schendtlich/ ver
ruchts vnd gotslesterlichs leben füren/
dardurch viel leut geergret vnd befleckt
werden / die billicher jm exempel eines
gottseligen wandels vnd Christlichen
lebens gebessert würde. Aber niemands
sicht darauff wie man lehret vn̄ lebet/
allein wan die Messen gehalten wer-
den/ so ist die sach schlecht/ ob schon
der pfaff ein geiziger/Abgötterer/Le-
sterer/ Zusauffer / Kaßler/ Spiler/
D v Offent-

Offentlicher Hůrer / vnd wucherer ist
von Gott verbandt vnd verdampt / 1.
Cor. 5. vnd 6. Das decket das Meßge-
wandt mit seinem gemalten Creutz all
zu / Vnd die zierlichen scheinēden falsch
geistlichen Meßgeberden verblenden die
gantze welt / daß man es mit gesehen-
den augen nicht sihet wo der fuchs im
garn ligt. Man helt ein solchē Pfaffen
vmb der Messen willen die er liset / für
gantz geistlich vnd from / man helt jnen
als einen Herren vnd gnadet jm / vnd
erneret jn Reichlich darbey von der
anderen Christen gütern / welche viel
Billicher vnd Christlicher geben wůr-
den / nach des HERREN befelch /
den Armen / Hungerigen / Durstigen /
Nacketen / Trostlosen menschen / den
armen Witwen vnd Waisen / die in
armut vnd elend / in angst vnd not
leben / das hat Christus geheissen: Meß
lesen / vnd jn im Sacrament opfferen / hat er nirgent geheissen / mag
auch im gantzen Newen Testament
mit keinem Buchstaben bewiesen werden /

ben. Aber das sind die rechte vrtheil Gottes / die welt will vnnd muß blindt sein/ Johan. 14. in allen gerechten vnd Göttlichen sachen (denn sie kan den Geist der warheit nicht entpfangen) biß daß jhr die augen mit dem verdampten Reichen Man in der Pein geöffnet werden/ Luc. 16. Daß exempel ist vns nicht vergeblich fürgeschrieben. Wer augen hat zusehen vnd Oren zuhören / der sehe vnd höre was jm Gott zeiget vnd saget/ will aber jemans mutwilliglich blind vnd daub sein: Daß wird warlich mit seinem eigen vnd grossen schaden geschehen.

Der ander Punct des fünfften Artickels/ ist von dem einsperren des heiligen Sacraments in die heußlein vnd monstrantzen/ dauon in dem siebenten Artickel hernach auch gemeldet wird/ Da hab ich aber nicht geredt (inhalt des Artickels) daß Christus widerumb getödt werde / so man daß heilig

Sacra-

Sacrament in heußlin oder monstrantzen einsperret vn̄ liechtlin darfür bren-
net/ ꝛc. Sonder also hab ich geredt.
Es sey ein offentlicher mißbrauch wider die erste einfaltige erstifftung vnd
jnsetzung von Christo geschehen jm letzten Nachtmal/da des insperrēs/liecht/
Kertzen vnd Ampel brennens/Kniens/
Buckens/ vnd anbetens darfür/ auch
des vmbhertragens in guldenen mon-
strantzē mit weltlichem pracht/Pfeif-
fen/ Singen/ klingen/ ꝛc. mit keinem wort gedacht wirdt. Welches eite-
le zusetze/eigene erdichte werck vn̄ menschen fünde sind/ one Gottes wort/
welches keinen zusatz nach abbruch leiden mag/ man besehe Matth. am 26.
Marc. 14. Luc. 22. Vnd den heiligen
Paulum/ 1. Cor. 11. An welchen orten
von der insatzung des heiligen Sacraments gehandelt wirdt. Den̄ gleich als
wenig Christus daselbst befolhen hat/
seinen leib vnd bludt in Brot vnd wein
in Messen zuopfferen: also hat er auch
nicht befolhē dasselbig Brot einzusperrē
darfür

darfür liechter zubrennen/ zuneigen/ zu-
beten/ ꝛc. Sonder hat allein befolhen/
daß man essen vnd trincken/ vnd seines
todts gedechtnuß darbey haben solle.
Alles was darüber mit diesem Sacrament gehandlet wird / das ist nicht
auß göttlicher insatzung vnd ordnung
Christi/ sonder auß freuentlichem fürne-
men der menschen/ denen gar nicht gebürt / mit dem heiligen Sacrament
Christi anderst zuhandlen/ abe oder zuthun / denn wie er selbst zuthun befolhen hat/ vnd wie es die Aposteln selbst
gebraucht / auch vns zubrauchen geleret haben. Wir können je nicht besser meister sein denn Christus/ die ewige göttliche weißheit selbst ist/ wir werden
auch one allen zweiffell/ nicht frömere
Christen sein / denn die heiligen Aposteln gewesen sind/ welche sich solcher
ding bey dem heiligen Sacramēt nicht
gebraucht/ derselbigen auch in jren g-
schrifften mit keinem Buchstaben gedacht haben / so sie doch göttlich: ehr
zufordern/ fast vlässig gewesen seind.
Vnd

Vnd ist wol zuglauben, hetten sie durch
den entpfangenen heiligen Geist erkant/
daß solche handelung/ die wir tőrechte
menschen / bey vnd mit dem heiligen
Sacrament treiben/zu der ehre Gottes
dienstlich were: sie hettens gewißlich
zuleren vnd zubeschreiben / als getrewe
diener vnd Apostel Christi / nicht vnderlassen / aber sie haben solches gar
nicht gedacht. Damit ich aber den miß
brauch vom einsperren des heiligen Sa
craments (dauon ich geredt habe) offentlich beweise: neme ich das zu einem
gewissen vñ vnleugbarē festen grundt/
daß Christus nicht bloß vnd stilschwei
gend seinen Jüngern das brot vnd den
Kelch dargereicht hat: Sonder mit solchen worten: Nemet hin vnd esset/
das ist mein leib der für euch gegeben
wirdt. Nemet hin vñ trincket alle da-
rauß/ das ist ð Kelch/ꝛc. Welche wort
sampt den Sacramentlichē zeichen des
brots vñ weins/ das recht warhafftig
Sacrament sind/ dardurch der mensch
jm glauben (nit an das brot vñ wein/
sonder

sonder des worts / welches des leibs vñ
Bluts Christi meldung thut) gespeiset/
getrencket/ vnd erneret wird an der seelē
zum ewigen leben. Der leiblich mund/
entfahet vnd fasset brot vnd wein:
Aber der geistlich mund / das ist / der
glaube / entfahet vnd fasset das wort
Gottes/ von dem getödten leib vnd ver
gossen blut Christ zu verzeihung der
sünden / damit die seele gespeiset vnd
getrenckt wird zum leben / Deut. 8.
Matth. 4. Der mensch wird nicht
von dem brot allein leben / sonder
von einem iglichen wort / das durch
den mundt Gottes gehet. Johan. 6.
Die wort die ich rede sind Geist vnd le-
ben/ ꝛc. Auch sagt Petrus dasselbig/
Du hast wort des ewigen lebens. Vnd
von jm selbst sagt Christus, daß ist das
Brot/ das vom himel komen ist / wer
davon isset/ dz ist/ wer jn mich glaubet
(wie er deñ das essen jn demselbigen
Capitel außlegt) der wird leben in
ewigkeit. Darzu stimbt auch das geistlich Recht, De Cōse, distin. 2. Cano. ut quid. etc.
Spricht

Spricht der heilig Augustinus/Was be
reitestu die zehn vnd den Bauch/glaub
so hastu gessen/ deñ welcher an jn glau
bet der ißt jn. Auß dem erzwingt sich
one widersprechlich/ daß in dem Rech
ten Christlichen brauch dieses heiligen
Sacraments / die Sacramentlichen
zeichen/ vnd das mündtlich essen/ dergleichen auch das wort Gottes/ vnd d̊
glaube beyeinander müssen sein / vnd
keins von dem andern kan abgesondert
werden/ Das Brot ist eine Creatur/ vñ
kan die seel nicht speissen/ kompt auch
nicht darzu: Sonder das geglaubt
wort Gottes vom leib Christi mit welchem wort das brot gereicht wird/
ist jre speise. Dergleichen das geglaubt
wort Gottes vom vergossen blut Christi für vnsere sünden / mit welchē wort
der tranck des Kelchs gereichet wird/
ist jr tranck vnd erquickung / vnd ist
nicht möglich daß eine andere Creatur
auff erden dasselbig wort Gottes möge
fassen denn allein die seel/ vnd der glaub
des hertzens/ kein steinen heußlein oder
guldene

guldene monstrantzen / es ist viel zu hoch vnd zu Edel daß es von anderen Creaturen möge begriffen werden. Darumb auch in allen Gotts worten / der glaub vñ die lieb des hertzens erfordert werden / die das wort faſſen mögen / es laſt ſich ſonſt in keinen weg gefangen nemen / oder inſchlieſſen / allein ein glaubigs hertz vnd ein hungerige ſeel / die da hunger vnd durſt hat nach der gerechtigkeit / iſt ſein rechte monſtrantzen vnd heußlein / wie ich dan geredt hab vnd der Artickel anzeiget. Das wird bewiſen auß dem wort Gottes Johan. 6. ſagt Chriſtus: Welcher mein fleiſch iſſet vnd mein blut drincket / das iſt / welcher jn mich glaubet / wie vor angezeiget / der bleibt in mir vnd ich in jm vnd hat das ewig leben. Merck alhie mit vleiß / Chriſtus ſagt / er bleibt in mir vnd ich in jm / nicht jm heußlein oder monſtrantzen.

In der Andern Epiſtel zu den Corin. am / 13. Cap. ſagt Paulus: Beweret euch ſelbſt / ob jhr jm glauben ſeiet / erkennet

kennet ihr euch selbst nicht/ daß Christus in euch ist. Merck abermals/ Paulus sagt in Euch/ nicht jm heußlein.

In der Epistel zu den Ephesern/ am 3. Cap. sagt Paulus. Ich beüge meine knie gegen dem Vater vnsers HERren Jesu Christi/ daß er euch gebe nach dem Reichtumb seiner herligkeit/ mit krafft starck zuwerden durch seinen Geist an dem inwendigen menschen/ vnd Christum zu wonē durch den glaubē in ewerem hertzen. Er spricht deutlich in ewerem hertzen/ vnd nicht jm heußlein oder monstrantzen. In den geschichten der Apostell haben wir ein vnuberwindtlichen spruch am/ 7. Cap. daruber auch die Juden/ vff ein zeit / mit bitterem hertzen gegrießgrammet/ vnd den heiligen Steffanum erwürget haben da er jre falsche zuuersicht straffet/ die sie vff jrem Tempell zu Jerusalem hetten / saget jnen wie Esaie am / 66. Geschrieben ist: Der allerhoheste wonet nicht in Tempeln die mit henden gemacht sind/ denn er sagt/ der himmel ist

iſt mein ſtul/ vnd die erde ein ſchemel meiner füß/ was wolt jhr mir deñ für ein hauß bawen/ ſpricht der HERR/ oder welches iſt die ſtadt meiner Ruhe? Hat nicht mein hād das alles gemacht? vff welche ſoll ich ſehen den allein vff den armen, eines zerbrochenen Geiſts/ vnd der da förchtet meine wort? ꝛc. Merck hie mit gantzem vleiß/ was möcht doch klerers geredt werden/ deñ wie der heilig prophet Eſaias vnd Steffanus ſagen: Der aller höheſt wonet nit in ſteinen vnd hölgnen Tempeln die mit henden gemacht ſind/ So wird er fürwar noch viel weniger wonen in ſteinen heußlein oder guldenen monſtrantzen/ ꝛc. Nun iſt aber Chriſtus der aller höheſt vnd des allerhöchſten Gottes Sohn/ Luc. 1. Ein warer Natürlicher Gott vnd menſch in einigkeit der Perſon/ welche zwo Natur/ göttlich vñ menſchlich, in die Perſon Chriſti alſo vereiniget ſind/ daß ſie nun ewiglich von einander nicht zertrennet noch geteilet mögen werden.

E ij Vnd

Vnd dieweil nun Christus als ein warer Gott/nicht in Tempeln wonen will die mit henden gemacht sind (wie der spruch oben Act. 7. anzeigt) so wird er auch nicht allein nach menschlicher natur darinnen wonen/ vñ also noch viel weniger wird er in heußlein oder monstrantzen wonen/sonder allein in eines glaubigen menschen hertzen/ der da ist eines zerbrochenen Geists vnd der seine wort fürchtet/demselbigen mit hertzlichem glauben anhangt/ der ist ein warer Tempell Gottes/ 1. Cor. 3. darin er seine wonung machen will/ Johan. 14. Also wird entweders Christus nicht jm heußlein sein müssen/ oder die geschrifft muß erlogen sein. Ich kere mich an kein glosierens/ der Text ist Clar gnug.

Auß dem wird nun der mißbrauch in der insperrung dieses heiligen Sacraments offentlich erkant. Denn das brot wird woll ingesperret/aber das göttlich wort (welches des leibs vnd bluds Christi meldung thut/damit die glaubigen hertzen warhafftiglich gespeisset vnd

vnd getrencket werden) lesset sich nicht
tnschliessen noch gefangen legen. Es
lest sich auch nicht in henden haben od̄
tragen/ allein ein glaubiges hertz fasset
es/ beschleusset in sich warhafftig alles
was es verheist. Wan mā nun das Brot
insperret in die heußlein vnd monstran-
tzen/ vnd vermeinet Christum zugegen
sein jm heußlein/ das ist wider die helle
offentliche geschrifft vnd wort Gottes.
Darumb wer es also anbettet/ der kan
sich der abgötterey nicht entschuldigen.
Man soll je allein Gott vnd keine Creatur anbetten: nun ist aber Brot ein Crea-
tur/ dauon wir nicht lesen daß es auch
die Aposteln je oder je angebettet haben.
Spricht man aber: Die handlung des
Nachtmals Christi in that vnd worten
ist von den Euangelisten beschrieben/
dauon keinem frommen Christen menschen zimpt oder gebürt abzutretten
vmb ein har breidt/ Da hat aber Christus das Brot in seine hende genommen/
vnd als er seinem Vater gedancket hette/
hat ers gebrochen vnd seinen Jüngern

E iij dar-

dargereicht/ vnd gesprochen: Nemet
hin vnd esset/ das ist mein leib der für
euch gegeben, wird/ Das ist je teutsch
gnug geredt von dem Brot/ daß es der
leib Christi sey. Dieweil nun Christus
diß Nachtmal seinen Jüngern sampt
allen Christen beuolhen hat in seiner gedechtnuß zuhalten/ vnd so aber solches
Nachtmal gehaltē wird/ da diese wort
Christi vber das Brot gesprochen werden (das ist mein leib) mage es nicht
felen/ das Brot ist jetzundt der warhaff
tig leib Christi vnd bleibt auch derselbig
leib/ mā stell jn gleich jns heußlein oder
monstranzē/ den je Gottes wort nicht
liegen noch triegen mögen/ ɾc,

Antwort.

Vm ersten/ Christus hat seinē Jüngern sampt den andern Christen
befolhen/ daß sie in seinem Nacht
mal sollen essen vn trincken von seinem
Brot vnd kelch/ vnd dieselbigen gar
nicht inschliessen od in heußlein behal-
ten/ Der Text ist klar/ er spricht: Nemet
hin

hin vnd esset/ nemet hin vnd trincket alle darauß/ꝛc. vñ thut das zu meiner gedechtnuß/ Sagt nicht/nemet hin vñ stellets hin in ein heußlein oder monstrantzen/es Bedarff hie nicht viel wort/ ꝛc. Zum andern sage ich also/ Es kan Bey keinem Euangelisten/ noch Bey dem heiligen Paulo Bewisen werden/ daß Christus diese wort (das ist mein leib) vber das Brot gesprochen habe/ oder sie auch seinen Jüngern daruber zu sprechen Befolhen hab (wie sie dan die Bäpstler pfaffen daruber gleich als einen segen hauchen) Er hat sie auch nicht zu dem Brot oder vmb des Brots willen gesprochen/ dieweil es ein vnentpfintliche Creatur war/ wiewol er vff das Brot Sacramentlicher weiß gedeutet hat: sonder hat sie geredt zu den Jüngern vnd vmb der Jüngern willen/ damit die gedechtnuß seines leidens vnd sterbens Bey jnen vnd allen nachfolgenden Christen vffzurichten/ zu denen vnd vmb deren willen sie auch noch gesprochen werden/

E iiij so offt

so offt man das Nachtmal Christi
helt/vnd gar nicht vber das Brot/auch
nicht zu dem Brot/ oder vmb des Brots
willen / aber doch jn gegenwertigkeit
des Brots. Vnd ist gewiß (dieweil Got
tes wort nicht liegen kan) daß die heili¬
gen Jünger Christi (wie es auch noch
bey allen Christen geschicht/ so offt diß
Nachtmal gehalten wird biß zum ende
der welbt)durch den glaubē des worts/
sampt der entpfahung Brots vn̄ weins/
den waren leib vnd Blut Christi nach al
ler krafft seines leidens vnd sterbens zu
einer speiß vn̄ tranck der seelen warhaff
tig in jre hertzen geschlossen haben. Vn̄
nicht allein durch das eusserlich mündt
lich essen vnd trincken des Brots vnd
weins / welche allein gedenckzeichen
seind des warhafftigen jnnerlichen vn̄
geistlichen essens vnd trinckens durch
den glauben jm hertzen / vmb welches
geistlichen essens willen/ das eusserlich
vnd leiblich gebraucht wirt/ als ein
vbung von Christo selbst verordnet vn̄
eingesetz/jnhalts seiner wort/ So offt
ihr

ihr das thut/solt jr mein darbey geden‭
cken/das ist/wie Paulus sagt/1. Cor.
11. So offt ihr von diesem Brot esset/
vnd von diesem Kelch trincket/solt ihr
des HERREN tod verkünden / Biß
daß er kompt/Diß Nachtmal soll aller
Christen menschen vbung sein in der ge‭
dechtnuß des leidens vnd sterbens Chri‭
sti/so lang als die welt steht/vnd biß
an den jüngsten tag/da er sichtbarlich
widerkommen wirt zu richten die leben‭
digen vñ die todten. Alhie soll man auch
woll mercken/daß der heilig Paulus
jn seiner einfaltigen vnd gantz Christ‭
lichē verclerung des Nachtmals Chri‭
sti / die eusserliche speiß vnd dranck/
noch alwegen nennet des HERREN
Brot vnd kelch/vff daß wir im brauch
des Nachtmals alles zweiffels entladē
weren/vnd nicht gedencken solten/daß
wir allein durch das leiblich essen vnd
trincken des Brots vnd des weins/den
leib vnd Blut Christi niessen: Sonder
viel mehr durch das geistlich essen vnd
trincken/das ist/durch den glauben der

E v wort

wort Christi / so er bey Brot vnd wein
von seinem leib vñ Blut geredt hat / nies=
sen / wie sie vff beiden seiten leiblich Brot
vnd wein / geistlich aber den waren leib
vñ Blut Christi zum ewigen leben. Wan
wir aber des HERREN Brot vñ wein
leiblich essen vnd trincken / one das geist
lich essen vnd trincken / das ist / one
glauben der wort Christi (welches der
heilig Paulus heist vnwirdig essen vñ
trincken) so werden wir schuldig an
dem leib vnd blut Christi / wir essen
vnd trincken vns selbst das vrtheil / des
tods vnd ewigen verdamnuß / da=
rumb daß wir vns jm Nachtmal Chri
sti fürstellen / anzeigen vnd bezeugen
als Christen menschen für den andern /
vnd doch jm hertzen nicht Christen
sind / weder Christum noch sein heili=
ges Euangelion erkennen / glauben o=
der annemen / vnd also mit verstock=
tem vnglauben des HERREN wort
werck vnd ordnung in diesem Nacht=
mal schmehen / verachten vñ verlestern.
Das heist vnwirdig essen vnd trincken
von

von des HERREN Brot vnd kelch/ welche vnwirdigkeit einen menschen schuldig macht an dem leib vnd Blut Christi/ Denn durch den vnglauben bleibt er in seinen sünden stecken/ vmb welcher willen Christus seinen leib in den tod gegeben/ vnd sein Blut vergossen hat/ vnd so viel an jm ist/ Creutziget er Christum nach stetz für vnd für mit seinen sünden/ Das ist die schuldt vnd das schuldig werden/ welchen des vrteil des ewigen tods nachfolget.

Zum dritten sage ich also/ Das ist gewiß vnd war/ mag auch in keinen weg felen/ wan das wort Gottes/ wie sich gebürt/ jm Nachtmal Christi zu dem Brot kompt/ so ist es wol nicht ein schlechts blosses Brot/ wie ein ander gemein Brot/ jm ofen gebacken/ das man daheim vff dem disch für den hunger des Bauchs isset: Sonder es ist ein herlichs vnd heiligs Brot Gottes/ vnd wan es in seinem rechten brauch ist/ nach der ordnung Christi/ so wird mit jm/ als einem mittel werck-
zeug/

zeug/ durchs göttlichs wort/ der glau
big mensch warhafftig gespeisset in
der gedechtnuß des leidens Christi mit
seinem leib. Das felet nimmermehr/
denn Gottes wort betreugt nicht/ man
streich jm gleich für ein farb an wz man
wöll. Dz aber die wort des Nachtmals
(sie werden gleich vber das brot gehaucht oder sonst darbey gesprochen)
an dem brot sollen bleiben hangen/ wie
dan die jnredt oben will fürgeben/ vnd
auch die weltweissen vermeinen/ das
brot verschwinne so die wort Christi
von einem priester darüber gesprochen
werden/ bleib es nicht mehr brot wie es
vorwar/ wie wol es die gestalt vnd ge-
schmack des brots noch behelt/ so werde
es doch verwandelt in den natürlichen/
vnd wessentlichen leib Christi / also
lang/ groß vnd breidt/ wie er am Creutz
gehangen ist/ den man darnach tra-
gen/ heben/ vnd setzen möge jns heußlein monstrantzen vnd wo man sonst
hin wöll: Das mag mit keiner heiligen
schrifft bewisen werden. Der heilig Pau
lus

lus hab deñ geirret/ da er es offentlich
des HERREN Brot nennet/ vnd
spricht/ 1. Cor. 11. Welcher vnwirdig
isset vnd trinckt von des HERREN
Brot vnd kelch/ der isset vnd trinckt/ıc.
Sihe da nennet es der heilig Paulus
noch Brot/ aber doch nicht ein schlecht
Brot/ sonder des HERREN Brot/
wie wol er die wort des Nachtmals
vorhin beschrieben hette. Wo aber das
wort am Brot blieb hangē/ vñ das Brot
durch die wort Christi verschwünde
vñ verwādelt würde in den natürlichē
leib Christi: kundt es der heilig Paulus
eben als baldt auch den leib Christi ge‑
nent haben/ als er es Brot genennet hat.
Er het jm auch on zweifell solche eh‑
nit abgeschlagen. Darumb so neme
nun ein frommer Christ die wort des
Nachtmals also für die handt/ daß sie
einmal von Christo geredt/ war gewe‑
sen sind/ vnd werden auch in einfelti‑
gem Christlichem verstandt jm brauch
des Nachtmals ewig war bleiben. Sie
hangē aber allein am glaubigē hertzen/
nicht

nicht am Brot / vnd sind ein geistliche
speiß der seelen / wie das Brot ein speiß
des leibs ist / Sie lassen das Brot bleiben
(wie es auch Paulus offentlich nennet) sie bringen aber mit dem Sacramentlichen vnd heiligen Brot Gottes /
das in des HERREN Nachtmal gebraucht wird / gewiß vnd fürwar /
was sie dem glaubigen menschen verheissen. Dem Brot wird nichts verheissen / allein wird darauff gedeuttet / daß
man es eusserlich bey dem wort soll brau
chen zu einem gedenckzeichen / vmb der
menschlichen schwachheit willen: Sie
gehören aber beide zusamen in einen
brauch / wort / brot / vnd wein / gleich
wie glauben / essen vnd trincken. Wo
man sie nun voneinander scheidet (wie
denn mit dem insperren des brots geschicht / jm heußlein oder monstranze) da das brot allein ingesperret wird /
auch one des HERREN befelch / vñ
aber das wort nicht ingesperret mag
werden: Da wird es mißbraucht wider
die erste insatzung vñ ordnung Christi.

Welche

Welche ordnūg deñ fürnemlich in dreyen Puncten stehet: Der erst / daß man dem wort Christi von hertzen glaube/ daß sein leib für vns in den tod gegeben/ vnd sein Blut zu verzeihung vnser sünden vergossen sey. Der ander / daß man von seinem Brot esse vnd von seinem kelch trincke / vnd nicht daß man sie in heußlein setze. Der drit punct/ daß man des HERREN tod darbey verkünde/ des werck's vnser erlösung/ nemlich seines bittern leidens vnd sterbens/ gedechtnuß halte / jm von hertzen lob vnd danck darumb sage. Wo anderst damit gehandelt wird / so geschicht es one Gottes wort/ vnd ist ein offentlicher mißbrauch / den weder der Pabst nach der gantz vermeint geistlich stant verantworten kan/denn allein mit jren eygenen Tantmeren. Also viel sey jetzundt gnug geredt von dem mißbrauch in der inſperrung des heiligen Sacraments.

Folget

Folget nun von dem Andern mißbrauch bey der insperrung des heiligen
Sacraments/ welcher viel gröber ist
denn der erst/ da nicht allein/ wie jm
ersten/ das Brot vom wort abgesündert
wird: sonder auch die speiß võ tranck/
welchen Christus sampt dem brot oder
speiß jm Nachtmal zugebrauchen befolhen hat/ vnd keines one das ander.
Denn es ist je offentbar auß den dreyen
Euangelisten/ vnd dem heiligen Pau-
lo/ das Christus in seinem Nachtmal
zu dem Brot/ nicht allein die speiß des
Brots / sonder auch den tranck des
kelchs eingesetzt hat/ vnd befolhen sie
beyde sampt vnd mit einander zu brauchen in seiner gedechtnuß. Fürnemlich
aber hat er zum kelch gesetzt mehr den
zum Brot/ das wörtlin (alle) Trincket alle darauß/ wie Matth. in seinem
Euangelio bezeuget/ denn Christus hat
one zweiffel jm Geist vorgesehen/ daß
nach seinem vnd seiner Apostel zeiten/
solche vermessene bößgeistliche Propheten komen würdẽ/ die jnẽ freuẽtlich
den

den tranck des Nachtmals selbst allein zueygnen würden/ vnd das ander gemein Christen volck desselbigen berauben. Darum̃ hat er gesagt zu seinen Jüngeren vnd zu allen Christen menschen/ welche deñ auch alle Priester in Christo seind/ 1. Pet. 2. Trincket alle darauß. ꝛc. Ober das hat er auch hinzugesetzt das tröstlich wörtlein von verzeihung der sünden/ also: Das ist der kelch des Newen Testaments in meinem Blut/ das für euch vñ für viel vergosse̍ wird/ zur verzeyhung der sünden. Welche zwey wort vns billich bewegen solten (wan es ja je recht were/ das halbig theil des Sacraments inzusperren vnd zubehaltē) daß wir viel mehr dē tranck des kelchs insperten vnd behielten/ deñ die speiß des Brots/ dieweil vns Christus heisset alle auß dem kelch trincken/ darzu die verzeihung der sünden sonderlich bey dē tranck des kelchs außtruckt. Ferrers in der Epistel die der heilig Paulus allen Christen menschen one vnderscheidt/ Fürstehnden/ Eltisten/ vñ ge-

S meinem

meinem volck/auch Mennern vñ Weybern zu Corintho zuschreibt/ knüpffet er die speiß vnd den tranck/ das essen vnd das trincken alwegen zusamē nach des HERREN ordnung/ vnd das kürtzlich in vier sprüchen nach einand. Der Erst spruch: So offt jhr von diesem Brot esset/ vnd von diesem kelch trincket: Solt jhr des HERREN tod verkündigen biß daß er kompt. Da stehts essen bey dem trincken. Der ander spruch: Welcher vnwirdig von diesem Brot isset/ vnd von dem kelch des HERREN trincket/ der ist schuldig an dem leib vnd blut des HERREN. Sihe albie stend essen vnd trincken abermals beyeinand. Der drit spruch: Der mensch (er sey priester/ Ley, Man od weib/ den sie seind alle menschen vñ wird hie niemandts außgeschlossen) prüfe sich selbst/ vñ also esse er von dem Brot vnd trinck von dē kelch rc. Alhie seind zum dritten mal das Brot vnd der kelch/ das essen vnd das trincken zusamen geknüpffet. Der vierdt spruch: Welcher vnwirdig

vnwirdig isset vnd trincket/ der isset vnd trinckt jm selber das gericht/ꝛc. In summa/der heilig Geist/ so durch den mundt Pauli redet vnd lehret/will die speiß vnd den tranck des Nacht﹅ mals Christi/ auch das essen vnd trin﹅ cken vnzertrennet haben. Darumb die jenigen so sie bey dem gemeinen volck von einander getheilet haben: Die müs﹅ sen von not wegen solches nicht gethan haben auß dem heiligen Geist (ob sie sichs schon berümen) denn sonst mü﹅ ste der heilige Geist jm selbst wider﹅ wertig sein/ dieweil er ein vngleiche lehr fürgebe in Paulo vnd in den Sa﹅ cramentteilern / vnd je eine lehr mit der ander lügen straffet. Es muß ja jhr eins erlogen sein / entweders das Paulus lehret/ daß alle Christen men﹅ schen (so das Nachtmal Christi hal﹅ ten wollen) sollen essen vnd trincken von dem Brot vnd kelch des HERren: Oder aber das ander muß erlogen sein/ das die Päbstler lehren / die Layen

S ij sollen

sollen allein des HERREN Brot essen/
vnd nicht von seinem kelch trincken/
wie es auch ein lange zeit jm brauch ist
gewesen. Sie können beide nicht war/
recht vnd Christlich sein. Ist diese lehr
eine auß dem heiligen Geist: So muß
gewiß die ander auß dem Teufel sein/
welche den heiligē Geist lügen straffet.
Darumb luge jederman darauff welcher lehr zufolgen sey/ Gottes oder des
Teufels.

So folget nun auß der lehr vnd sprüchen des heiligen Pauli (welche nichts
anderst denn das war lauter Euangelium sind) daß in dem Rechten Christlichen brauch dieses heiligen Sacra-
ments/ die speiß vnd der tranck/ alwegen zusamen gehören/ als ein gantz Sa
crament oder Nachtmal. Sollen auch
allwegen jm Nachtmal von allen Chri
sten menschen beide sampt miteinander
gebraucht vnd in keinen weg zertrennet
noch von einander getheilet werdē. Wel
cher mensch sie aber theilet oder stück-
lecht prauchet: Der ist ein halber Sa-
cramen-

cramenter/ vnd vnchriſtlicher zerreiſ⸗
ſer der heilſamen ordnung Chriſti. Ja
ein felſcher vnd leſterer der fürnembſten
haubtſtuck von dem gnadenreichen
Euangelio Jeſu Chriſti/ daß Chriſtus
ſeinen leib in den tod gegeben/ vnd ſein
blut zur verzeyhung vnſerer ſünde ver⸗
goſſen hat. Darumb zu einer ewigen ge
dechtnuß ſolcher groſſen gutthat/ lieb
vnd gnade vns durch Chriſtum bewi⸗
ſen (das wir im derſelbigen danckbar
weren) hat er dieß Nachtmal in euſſerli
cher ſpeiß vn̄ tranck des brots vn̄ weins
eingeſetzt. Bey welchen er vns auch
innerlich ſpeiſet vnd trencket durch den
glauben ſeines worts mit ſeinem war⸗
hafftigen leib vnd blut zu dem ewigen
leben. Das brot im Nachtmal/ iſt ſei⸗
nes getödten leibs Sacrament/ vnd der
wein/ iſt ſeines vnſchuldigen vergoſſe⸗
nen bluts Sacrament. Zu gleich aber
wie der getöd leib Chriſti/ vnd ſein ver
goſſen blut ſampt miteinander ein ei⸗
niges volkom̄ens vnd gantz werck ſind
vnſer erlöſung: Alſo ſein auch des HER

REN Brot vnd wein sampt mit einander/ ein einigs volkomens vnd gantz Sacrament/ welches keinem fromen Christen menschen zimpt noch gebürt von einander zuscheiden. Davon auch/ zu einem vberflus/ das geistlich Recht zeugnuß gibt/ de Conse. dist. 2. Cano. Comperimus: Am selbigen ort spricht ð pabst Gelasius / daß speiß vnd tranck des Nachtmals/ das gantze Sacrament seien/ vnd gebeüt darbey / daß sie entweder beide sampt entpfangen sollen werden: oder aber beide vnderlassen bleiben. Darumb daß sie one grosse sünde nicht mögen zertrennet werden. Diesen Canon können auch die päpstler nicht leugnen/ sie mögen jn woll mit falscher gloß verblümen / nach anzeigung der Rubrica/ so in kurtzen jaren barüber erdicht ist / vbn jn allein den Pfaffen zu eygnen: Man weiß aber dennoch wol/ daß die ersten vnd alten Decretbücher solche titel vnd Rubrica nit haben/welche den Text an jm selbst zum dickermal fälschen vnd von seinem Rechten verstandt

standt abfüren/ꝛc. Befindet sich also
offentlich/daß es wider göttlich vnd
menschlich ordnung ist (wo anderst
menschlich ordnung in diesem handel
etwas gelten solt) So man das heilig
Sacrament halbiret/das brot von
dem tranck absöndert/theilet/insperret
vnd behaltet/Darnach auch dasselbig
halbig theil allein one den tranck des
HERREN kelchs/dē gemeinen volck
gibt/vn̄ also die heilsamē göttlichē ord
nung Christi/ja dz einig tröstlich werck
vnser erlösung des getödten leibs vn̄ ver
gossenen bluts Christi verspottet vn̄ ver
lestert. Welches fürwar ein gantz gro=
ber mißbrauch ist/stracks wid das helle
vn̄ klar Euāgelion Jesu Christi/d auch
mit keiner vernunfftigen vrsach, aller
hochgelertē auff erdē (wan sie schō alle
zusamen in ein Conciliū kemē) entschul=
diget od verdetigt mag werdē. Den̄ mā
zeige an für vrsach was man wöll/vnd
brauch schō alle Argument vn̄ spitzfün=
digkeit Platonis/Aristotelis vn̄ anderer
Philosophē: so steht doch alzeit Gottes

S iiij wort

wort vnd ordnung darwider/ dauon
man nichts ab oder zu thun soll. Was
wollen sich deß die thorechte lugenhaff
tige menschen vnderstehn/ also freflich
wider Gott zu setzen / für dem sie doch
gar nicht bestehen mögen. Sihe/ Christus spricht jm Nachtmal/ Esset vnd
trincket alle/ rc. Aber die Widerchristen sagen zu dem gemeinen hauffen/
Esset vñ nicht trincket/ den wir habens
in Aristotelis kunst funden (welcher
bey vns viel gelerter vnd weiser ist den
Christus) daß der tranck des Nachtmals jm essen beschlossen ist/ denn je
kein lebendiger leib ist one blut. Darum̃
welcher den leib isset/ der neusset darmit
auch das blut. O grosse klugheit/ wie
solt doch Christus nicht ein gröser Nar
müssen sein / Bey solchen hochgelerten
vnd weysen Philosophen/ Dieweil er
solchs nicht auch gewüst hat/ daß blut
in einem lebendigen leib ist? Pfuch dich
menschliche thorheit/ Christus ist die
ewige göttliche weißheit/ Collo. 2. Jn
jm seind alle schetz der weißheit vnd
erkant-

erkantnuß verborgen/ Er ist der glantz
des ewigen lichts/ Sap. 7. Hebre. 1.
vnd ein spiegel one mackel der göttlichen Maiestet/ vnd ein Bild seiner güt-
tigkeit. Alle ding sein durch jn gemacht/
Johan. 1. Hebre. 1. vnd hat alle ding
woll geordnet/ Sap. 8. Was wollen
die hochgelerten Widerchristen hierzu
sagen? Er hat alle ding woll geordnet
vnd Recht gemacht/ darbey müssen sie
es lassen bleiben/ vnd wan sie auch daruber von einander brechen solten. Sie
werden es mit jrer thorechten vernunfft
nimmer besser können machen/ das ist
gewiß war/ sonst were je Christus nicht
Gott/ von dem alle weißheit kompt.
Eccle. 1. Jacob. 1. Welcher mensch sich
aber vndersteht die ordnung Christi zu
enderen vnd besser zumachen: der muß
gewiß zu einem Narren darob werden/
vnd als ein feind Christi/ in den zorn
Gottes fallen/ Das sollen alle Widerchristen wissen. Will man aber ein in-
red haben der Krancken menschen hal-
ben/ vnd sagen daß man das heilig

F v Sacra-

Sacrament vmb jrent willen muß in=
schliessen vnd behalten/ auff daß man
es bey der handt habe/ in der zeit d̄ not/
wie denn das Concilium Wormaci=
ense solches verordnet hat/ De Conse. dist.
2. Cano. Presbyter.

Antwort.

Das heilig Sacrament bedarff kei
nes insperrens vmb der krancken
willen/ denn man hat die wort
des Nachtmals alle zeit bereit/ die
mag man brauchen bey den krancken
nach jnsatzung des HERREN bey
tag oder bey nacht vn̄ zu aller zeit/ wie
es die gelegenheit vnd notdurfft erfor=
dert/ jn stuben in kamern/ ꝛc. Denn sie
sind an keine bestimbte zeit/ stadt/ per
son/ kleidung/ ꝛc. gebunden. Auch ist
es bey den krancken menschē sonderlich
not/ daß man nicht allein die eusserliche
zeichen brauche: sonder auch des HER
REN wort vom Nachtmal/ welche
ein fürnemblich hauptstuck des heiligen
Euangelij seind/ vnd die aller tröstlich
sten

ſten wort/ damit die krancken in jrer kranckheit getröſt vnd im glauben geſterckt ſollen werden (dieweil der glaub nicht im zeichen/ ſonder im wort Gottes beſteht/ Rom. 10.) wider alle anfechtung des böſen geiſts/ welche denn one zweiffell am allerſterckſten ſind ſo der menſch auß dieſer weld ſcheidē ſol/ mögen auch allein mit Gottes wort jm glauben vertriben werden/ 1. Pet. 5. Ewerem widerſacher dem Teufel widſtehet feſtiglich im glauben. Der glaub aber beſtehet nicht im Brot vnd wein: Sonder allein in Gott vñ ſeinem wort. Darumb auch des HERREN Brot vnd wein im Nachtmal/ vnwirdiglich one glauben des worts Gottes genoſſen/ nicht allein gar nichts helffen können wider den Teufel/ ſonder viel mehr dem menſchē fürderlich ſind zum Teufel zu kommen. Denn welcher vnwirdig iſſet vnd trincket/ ꝛc. der wird ſchuldig an dē leib vñ Blut Chriſti/ Er iſſet vnd trincket jm ſelber das gericht zum ewigen tod/ 1. Corin. 11. Aber

der

der glaub in Gottes wort / ist krefftig vnd mechtig den Teufel vnd die gantze weldt zuuberwinden Ephe. 6. 1. Joh. 5. Vnd dem glaubigen sind alle ding möglich / Marc. 9. Ist deßhalben fast nutz vnd gut / auch Christlich vñ recht / daß man den Krancken nicht allein ein stumme particfel auß dem Sacrament heußlein zu hauß trage vnd gebe: Sonder daß man jnen das gantz Nachtmal Christi / in zeichen vnd worten für jrem Bet halte / vñ alda sie mit gantzem vleiß mit den eignen worten Christi erinnere seines bittern leidens vnd sterbens für vnsere sünde / welches ein einiger trost ist eines sterbenden mensches / so er mit dem glauben daran hafft / vnd al sein vertrawen von gantzem hertzē darauff stellet / der Teufel vermage als wenig gegen einem solchen menschen / als gegen Christo dem HERREN selbst / welcher des tods vnschuldig für die sünden aller glaubigen gestorben ist / vnd sein blut vergossen hat / sie mit dem himlischen Vater versönet / zu gnaden
vnd

vnd barmhertzigkeit bracht / daß sie
nun warhafftige kinder Gottes vnd erben sindt des ewigen leben. Das wird
vns tröstlich mit hertzlicher dancksagung jm Nachtmal Christi fürgebil-
det. Darumb es den sterbenden Christen
menschen nicht allein in zeichen soll vor
getragen werden: Sonder auch mit den
worten Christi daran der glaub / als an
seinem grundt hafftet. Auch nicht stuck
lechtig allein in speise / sonder auch in
tranck / wie es der HERR selbst verordnet / vnd zu jnen beiden sein wort ge
setzt hat. Welcher nun allein die speise
braucht / vnd nit auch den tranck: Der
weichet ab von dem wort Christi / das
er bey dem tranck geredt hat / welches
jm nicht so viel gildt als das / das er bey
der speiß geredt hat. Damit stucklet er
verechtlich die wort vnd werck Christi /
ja er verletzet seinen glauben vnd macht
ein stuckwerck darauß / welches ein gewiß zeichen ist / das er erdicht vñ nicht
von Gott ist. Deñ ein Rechter warhaff
tiger glaub / der von Gott ist / glaubet
nicht

nicht stücklechtig einem wort Gottes
mehr deñ dem andern/hanget auch einem nicht mehr an den dem andern:
sonder glaubet vñ hanget an gleich allen Gottes worten/ vnd ist gewiß daß
alles waß Gott redet/ ist die gerechtig-
keit/ die warheit vnd das leben. Darumb welcher ein Rechter Christ ist/
gleich als wenig er von dem wort Christi das er bey dem tranck des kelchs geredt hat/ abweichet: Also wird er auch
den tranck der zu dem wort verordnet
ist/ nit vnderlassen in leben vnd in ster-
ben/darbey auch ein vnaußsprechlicher
trost gegebē wird. Es ist je nichts tröst-
lichers einem jeglichen menschen/ sonderlich dem der in todsnöten ist/deñ so
er höret vnd glaubet/daß das Blut Christi zu verzeihung seiner sünden vergossen ist. Denn er ist jetzundt gewiß vnd
versichert durch den Geist Gottes im
glauben/der gnaden Gottes vnd der
ewigen seligkeit/2c. Also ist nun nicht
vonnöten/ das halbig theil võ Nachtmal Christi/ Nemlich allein die speiß/

in

inzusperren in heußlein vmb der krancken willen. Denn die ordnung Christi wird dardurch zerrissen vnd der
glaub zerstürtzet/ das ist grewlich vnd
erschrecklich zu hören. Es bedarff sich
auch niemandts beklagen/ daß die ehr
des heiligen Sacraments dardurch hin
gelegt vnd abgethon werde/ so schon
das insperren des Brots in monstrantzen oder heußlein nicht geschicht/ so
man schon nicht lichter/ kertzen/ Am-
pelen darfür brennet/ so man sich
schon nicht darfür bucket vnd neiget/
hüte vnd baret abzeugt / So man
schon nicht darvor hoffelieret/ mit
pfeiffen singen vnd klingen/ rc. Denn
zugleich wie Christus in der menscheit
ni darumb kommen ist / daß er jm
groß ehr vnd dienst liesse beweisen/
sonder viel mehr daß er vns dienet
vnd sein leben für vns gebe: Matthei 20. Also hat er auch diß heilig Sacrament eigentlich nicht darumb eingesetzt/ daß wir jm darinnen dienen/ vnd groß ehr beweisen
sollen:

sollen: Sonder viel mehr daß er vnd
diene/sich selbst vns zu eygen gebe/vns
helffe vnd tröste in leben vnd sterben/ in
aller anfechtung vnd trübsall/ So wir
jm Nachtmal (welches er zur gedecht
nuß seines leidens vnd sterbens verordnet hat) seinen leib der für vns in den
tod gegeben/ vnd sein blut/ das zur ver
zeyhung vnserer sünden vergossen ist/
durch den glauben seiner worten essen
vnd trincken; Darin alle rechtgeschaffe
ne vnd Christliche ehrerbietung dieses
heiligen Sacraments gantz miteinander begriffen ist/ nemlich in einer sum-
ma/ daß wir es brauchen vnd handelen/
wie es der HERR selbst befolhen
hat/ daß wir von seinem Brot essen vñ
von seinem kelch trincken/ in seiner ge-
dechtnuß/ jm von gantzem hertzen
lob/ ehr vnd danck sagen vmb der grof
sen lieb vnd gutthat willen/ die er vns
bewisen hat one vnsern verdienst auß
lauther gnad vn barmhertzigkeit. Alle
andere ehrerbietung/ die jm geschicht jm
heußlein oder monstrangen/ hat keinen
grundt

grundt im wort Gottes / ist von den
menschen erdichtet/vnd kan Gott nicht
wolgefallen. Denn er hats nicht geheis=
sen. Alle Gottes dienst aber damit wir
vermeinen jn zu ehren / die allein auff
vnserm gutduncken / vnd nicht in sei=
nem wort Bestehn: die sind eitel / vn=
nutz vnd vergeblich/ damit er viel mehr
verlestert den geehret wird/ Matth.15.
Des Alten Testaments figurē / darauß
die vermeinte ehrerbietung des heiligen
Sacraments gezogē ist/sind nichts an
derst denn Buchstabliche figuren / vnd
bleiben auch figuren/gehören dē Jüdi=
schen volck zu vnder dem gesetz: Aber
dem Christen volck/ das nicht nach
dem fleischlichen Buchstaben/ sondern
nach dem Geist wandeln soll/ Rom.8.
2. Cor. 3. dem gebürt vnd zimpt nicht
mit figuren nach dem Buchstaben/ vñ
mit eusserlichē gebreng Gott zu ehren:
Sonder jm Geist vnd warheit/ mit
hertzlichem glauben vnd liebe. Des gibt
vns das gantz Testament zeugnuß.
Darumb laß man sich die genötigten

G figuren

figuren des Alten Testaments / Bey diesem heiligen Sacrament nicht blenden/ das man jrem Exempell nach / auch ein eusserlichen jüdischen Gottes dienst darbey wölle anrichten. Wir sind Christen vñ nicht Juden / wir haben die lehr des Geists / der Buchstab geht vns nicht an. Vnd wiewol Christus im fleisch bey vns gewesen ist / so kennen wir doch jn (mit Paulo 2. Cor. 5.) nicht nach dem fleisch / das ist / wir suchen nichts fleischlichs oder eusserlichs vñ zeitlichs an im / sond allein geistlichs vnd ewigs. Deßhalben vns auch gebürt jn geistlich zu ehren mit innerlichem glauben vnd liebe des hertzens. Welche rechtgeschaffene vnd Christliche ehrentbietung / durch das eusserlich gebreng für diesem Sacrament / hinderstellet wird. Denn da wird allein das eusserlich zeichen des Brots geehren / vnd das wort Gottes daran der glaub hafftet / vnd daran alle macht leiht / bleibt vngeehret. Denn das wort nicht wird gehöret / die Päbstler lesen es heimlich / vnd in
vnbe

vnbekanter sprach in jren Messen (ole=
weil sie das gemein volck derselbigen
wort vnwirdig achten) vff daß es nie=
mandts höre/verstehe/glaube vnd se=
lig werde. Das heist aber Gottes ehr
nicht fordern/sonder hinderstellig ma
chen/ja vielmehr Gott verlestern.

Darumb welcher ein frommer Christ
wil sein / vnd Christum recht ehren
der höre sein wort des heiligen Euan=
gelij mit vleiß/glaube jm von her=
gen / vnd thu bey diesem heiligen
Sacrament wie er selbst zuthun befol=
hen hat / darnach neme er sein ei=
gen Creutz vff sich / mit verleuchnung
sein selbst / vnd folge jm nach / rc.
Das ist die recht Christlich erentbie=
tung/so man jm thun mag. Welcher
aber solches nicht thut/der sey gewiß/
daß er kein Christ ist/vnd ehret auch
Christum nicht recht/er thue waß er
wölle. Ja wen er auch alle tag ein gan=
ge thurnnen vol öls oder ein zentner
wachs bey dem Sacramentheußlein

G ij verbren=

verbrennet/ da möcht der Tempell wol
schwertzer davon werden/ das hertz
aber wird gar nicht lichter darvon jm
glauben/ oder hitziger in der liebe. An
welchen zweien stucken/ nemlich dem
glauben vnd der liebe/ die gantze haubt
sach steht Gott wol zu gefallen/ vnd
jn recht zu ehren. Wo es an denen
zweien felet/ da ist auch der rechten ehre
Gottes gefelet/ vnd wird kein knappen/
bucken/ kappenrucken/ oder ander hoff
lieren für dem Sacramëtheußlein vnd
monstrantzen helffen/ welche heußlein
vnd monstrantzen (als hoch zubesorgen ist) viel mehr vffgericht sind zu
einem schawspigell des Meßkrams/
denn vmb der ehre Gottes willen. Die
offentlich that vnd krämerey des Meß
käuffens vnd verkauffens/ gibt ein böse gezeugnuß/ dem HERREN aber
ist dis vrtheil vorbehalten.

Der Sechst Artickel.

Vff Sontag für Pfaffen
Faßnacht/ hat Niclaß Reneysen

sen geprediget / das kein werck
gut sey / denn das man den men
schen thue / vnd verwirfft alle
gute werck.

Antwort.

Zum ersten ist dieser Artickel mit jm
selbst vneinß. Denn im anfang ge=
steht er von mir gepredigt sein / daß
diese werck gut seind / die dem nechstē zu
nutz vñ dienst geschehen: An dem endt
aber sagt er gleich darauff / ich verwerff
alle gute werck. Das reumpt sich nicht
wol zu samen / Alle werck verwerffen /
vnd doch auch etliche gut rümen. Da=
bey gibt dieser Artickel sein eigen jrthum̄
zuerkennen. Deñ er weicht von jm selbst
ab / vnd richtet sich allein dahin / daß
er etwas sage vff seine meinnng / ge=
denckt aber nicht waß er sage. Das laut
nicht woll in ernsthafftigen sachen /
also mit worten hin vnd her schwen=
cken. Zum andern zeucht der Artickel
allein

allein die blosse werck an/ geschweiget
darbey gantz aller dingen/ des glaubens vnd der liebe/ welche beide doch
allezeit auch fleißlich von mir neben
den wercken geprediget sind worden/
als ein grundt aller guten werck/ vnd
sind keine werck je oder je verworffen
worden/ denn die one Gottes wort
vnd on glauben geschehen. Es sagt
je der heilig Paulus Rom. 3. Gal. 2.
Wir wissen daß der mensch durch die
werck des gesatz nicht rechtfertig wird:
Sonder durch den glauben an Jesum
Christum/ denn kein fleisch mag für
jm rechtfertig sein durch werck des gesatz :. viel weniger wird der mensch
rechtfertig durch werck menschlicher
gesatz. Waß Gottes gesatz nicht auß-
richtet/ das wird durch menschen
gesatz nimmermehr wol außgericht
werden/ Hebre. 11. Ohn den glauben mag kein mensch Gott wol gefal-
len/ er sey in dieser welt geacht wie
hoch vnd wirdig er wölle/ darumb
werden seine werck Gott noch viel weniger

niger gefallen. Denn gute werck kommen nicht auß dem menschen/ sonder auß dem glauben. Welcher die rechte wurtzell vnd stamme ist/ darauß die gute werck/ als gute frücht auß einem guten baum wachsen. Ist der Baum nicht gut/ so wechset nimmer kein gute frucht an jm/ Matthei 7. Vnd 12. Also auch ist der mensch nicht glaubig in Gottes wortten/ so ist kein werck gut er thüe was er wölle/ sonder ist alles sündtlich vnd vermaledeyet/ vnd gehöret in das hellisch fewer. Da hilfft nichts für/ Christus leugt nich da er sagt: Ein ieglicher baum (keinen auß genomen) der nicht gute frucht tregt/ das ist/ frucht des glaubens/ der sol außgereutet werden/ vñ geworffen werden in das fewer. Denn Christus hat hie in gleichnuß geredt von den beumen vñ jren früchten/ dieselbigen gedeutet auff die boßhafftige falsche lehr/ glaubē vnd werck d̄ gottlosen menschen wie die vorgehenden wort anzeigen am selbigē ort: Dergleichē sagt Pau. Rom. 14. alles w3

G iij   ausser-

auſſerhalben dem glauben geſchicht/ iſt ſünde. Damit vercleret er nun die gleichnuß jetzundt angezeigt. Seind aber alle werck ſünde/ die auſſerhalben dem glauben geſchehen: wie können ſie den gut ſein? Ja es wird ſie kein menſch gut können heiſſen/ er ſey deñ von der vermaledeiten gottloſen ſchare/ Eſa.5. Die das böſe gut nennen/ vnd das gut böß ſchelten: die finſternuß für das licht achten/ vnd das licht für finſternuß/ dergleichen das bitter für ſüß/ vñ das ſüß für bitter annemen. Auß dieſen vnd viel anderen mehr ſprüchen/ der heiligen göttlichen geſchrifft/ mag man wol erkennen/ daß aller menſchen werck/ auch des göttlichen geſetz/ die da nicht grundt haben jm rechten warhafftigen glauben Jeſu Chriſti/ eitel ſündtliche vñ verdamliche werck ſind/ die vor Gott nicht mögen beſtehn/ vnd an denen er gantz kein wolgefallen hat: Viel weniger an den wercken menſchlicher geſetz/ mit welchen man Gott vergeblich dienet/ Matth.15. Der euſſerlich

lich gut werck schein für den menschen/ macht niemants gut für Gott / der glaub im hertzen muß es thun/Matth. 7. Es werden nicht alle die zu mir sagen HERR HERR/ in das himmelreich kommen: sonder die da thun den willen meines himlischen Vaters/ das ist/die da glauben/ Johan. 6. Folget/ Matth. 7. Es werden viel zu mir sagen an jenen tag/ HERR haben wir nicht in deinem Namen geweissaget? Haben wir nicht in deinem Namen Teufel auß getriben? Haben wir nicht in deinem Namen viel thattē gethan/das ist/ viel guter werck? Denn werde ich jnen bekemmen / ich hab auch noch nie erkant/ weichet von mir ihr vbelthätter. Sihe da/ Christus erkennet die werckfromen nicht/ die one den rechten glauben sind/ob sie schon auch grosse wunderwerck gethan haben jn seinem Namen/ Er nennet sie vbeltätter/ vnd treibet sie hinweg von jm / als die jenigen so sein nicht wirdig sind/auch kein theil mit jm haben am Reich der himmeln.

G v Also

Also ist ein ieglicher falscher Christ mit seinen gleissenden wercken one den waren glauben/ ein vbelthetter für Gott (gleich wie sonst ein trewloser meineydiger/ein Bößwicht für der welt geheissen ist) vermaledeiet vnd verdampt/er hab ein ansehens für der welt wie ehr wölle/Er thue auch was er wölle/so gehört er vnd seine werck dem Teufel zu/ Gott wil nichts damit zuschaffen haben. Er ist ein Böser Baum der nimmermeh: gute frucht tregt darumb muß er von der gottseligen schar außgereut vnd in das ewig fewer geworffen werden/ Er ist der thorechten Jungfrawen eine/ mit einer hübschen wolgezierten Ampeln/ aber one öll/ zu denen vom HERREN gesagt wird: Warlich ich sage euch/ich kenne ewer nicht/ Matth. 25. Welchen nun der HERR nicht kennet / denn wird er auch/ one allen zweiffel / nimmermehr zu gnaden auffnemen in seinem Reich: Sonder wird die thür für jm zuschliessen/ als mit dem er nichts zuschaffen will haben/

haben/wie die gleichnuß daſſelbig/ Matthei 25. klärlich anzeiget. Beſindet ſich alſo kürtzlich/ inhalts göttlicher geſchrifft vnd des heiligen Euangelij/ daß kein werck gutt ſey für Gott/ es flieſſe den auß dem waren glauben des wort Gottes. Wo derſelbig glaub iſt/ der bringt gewiß mit jm die rechte Chriſtliche liebe/ dauon Deute/ 6. Matthei 22. Marc. 12. Du ſolt lieben deinen nechſten wie dich ſelbſt/ vnd Johan. 13. Spricht Chriſtus/ ich gebe euch ein Newes gebot/ daß ihr einander liebet wie ich euch geliebet habe/ darbey wird jederman erkennen/ daß ihr meine Jünger ſind/ ſo ihr einander lieb habet. In ſumma/ ein frommer Chriſt ſein/ heiſt den nechſten lieben. Wo die liebe nicht iſt/ da iſt kein Chriſt/ da iſt auch kein gut werck/ die gleißner dichten gleich waß ſie wöllen/allein die liebe thut ohne vnd laß gute werck/ ja ſie kan kein böß werck thun/ ſonder ſie iſt ein erfüllung des geſatz/ Rom. 13. Sie helt Gottes gebot vnd

vnd thut alles guts/ sie sichet mit gan٭
tzem vleiß vff diese wort Christi/ Mat
thei 7. Alles was ihr wollet daß euch die
menschen thun sollen: dasselbig thůt
ihr jnen auch/ daß ists dz gesatz vñ die
Propheten/ Sie liebet gleich freundt
vnd feindt/Matth.5. Sie gebenedeyet
jre vermaledeier/ Sie thut guts denen
die sie hassen/ Sie bittet für jre verfol٭
ger/Sie richtet vñ vrtheilet niemants/
Matth. 7. Sie hat kein bitterkeit grim
noch zorn jm hertzen/ Sie verzeihet
williglichen gern/ waß man jr leits
thut/ Ephe. 4. Sie ist langmütig vnd
freundtlich/ Sie eiffert nicht/ Sie schal
cket nicht/ Sie blehet sich nicht vff/
Sie stellet sich nicht hönisch/ Sie
sucht nicht das jre/Sie lasset sich nicht
erbittern/ Sie gedenckt nichts arges/
Sie frewet sich aber mit der warheit/
Sie vertregt alles/ Sie glaubt/hofft
vnd duldet alles/ ꝛc. 1. Cor. 13. Kürtz٭
lich daruon zu reden. Die lieb ist also ge٭
sinnet/ daß sie nicht vff sich selbst ach٭
tet/ oder jren eignen nutz suchet/ 1. Cor.
10. Phi٭

10. Philip. 2. Sonder jres nechsten/wie ein baum jm selbst nicht frucht tregt/ sie vnderweiset/lehret/tröstet vnd straffet/sie ist mitleidig/ja armut vñ elendt/ sie leihet/gibt/hilfft/vnd redt/sie spei set / trencket / bekleidet / behauset vnd herbrecht/ thut den armen alles guts/ vnd dienet gern mit vleiß jederman.

Das sind die rechtgeschaffene vnd Christliche gute werck/ die auß dem waren glauben des heiligen Euangelij wachsen / vnd in der liebe dem nechstē zu guth geschehen. Sonst weiß dis Euangelium von keinen andern guten wercken zu sagen. Alle gute werck/ die wir gut nennen/ vñ bißher auß falscher lehr für ein grossen Gottes dienst geacht haben/ als Kirchen bawen/ viel pfrunden/ Pfafferey/ Müncherey/ vñ Nonnerey stifften / Fasten/ Feyeren/ Opffern/ Singen vnd Klingen/ Meßhalten/ Jarzeit vffrichten/ vnd die todten Begehē/ lichter vnd kerzen brennen/ 7c. Die sind alle von menschen erdicht/ vñ ein grewel für Gott. Denn durch sie werden

werden die falschen armen vnd viel Bö‑
ser Buben in geistlichem schein reichlich
erneret vnd erhalten: aber die rechten ar
men/werden verseumpt vnd verlassen/
ja sie werden durch die falschen armen
manchfaltig Beschweret vnd jemerlich
vndertruckt. Das ligt am tag vnd leßt
jm keinen nebell für die augen machen/
Gott Besser es.

Wil man aber eigentlich wissen
was gute werck sind/ so lese man Esa.
1. Vnd/ 58. Jere. 7. Mich. 6. Ose. 6.
Matth. 9. Vnd 25. Da findet man
klar was Gott für gutte werck von
vns fordert vnd haben wil/ welche
auch Christus vnd seine heilige Apo‑
stell/im heiligen Euangelio gelehret ha
ben/ vnd noch von allen Christlichen
Predigern gelehret werden. Darumb
laß sich niemandt Bekümmeren vnd
jhr machen/ ob schon der groß eigen‑
nützig hauff feindtlich scharret vnd
schreiet: Ja die newen Ketzerische Pre‑
diger verbieten gute werck/ vnd vn‑

  versten

derſten ſich Gottes dienſt gantz vmb
zuſtürtzen / das iſt aller Widerchriſten
gemeine Rede: Aber ſie wiſſen nicht
waß ſie ſagen / jre hertzen ſind gar
verblend vnd verfinſtert / daß ſie jm
wort Gottes nicht ſehen noch erkennen waß rechte vnd Chriſtliche gute
werck ſind / haben auch nie verſtanden waß der recht ware Gottesdienſt
ſeye. Wan ſie lang von vielen guten
wercken vnd groſſem Gottesdienſt ſagen ſo iſt es doch nicht mehr / denn
alles vmb jren eigen Bodenloſen ſack
vnd freſſigen Bauch zuthun. Welcher
mit vleiß acht darauff hat / der merckt
den handell bald wol / wo jnen das
hertz ſtecket / es bedarffe nicht viel
wort. Dieweil aber dieſer ſechts Artickel mich offentlich beſchuldiget / wie
das ich alle gute werck verwerffe / das
er one zweiffel von erdichten Päbſtler
wercken anzeugt (denn ich zu keiner zeit
Chriſtliche werck verworffen habe)

will

Wil ich vffs kürtzest etliche von denselbigen Päbstler wercken anzeigen/
mit jrem grund / vff daß jederman ver
stehn möge/ warumb/ vnd wie ich sie
verworffen habe. Sage also:
   Kirchen bawē von stein vñ holtz mit
grossem kostē/ vñ darbey die lebendigē
Tēpel Gottes vnerbawet lassen bleiben:
ist kein Gottes dienst/ noch kein gut
werck/ sonder es ist ein vnnutzer verspil
ter kostē/ damit viel billicher vñ Christ
licher den armen leuthen geholffen wür
de. Lese Esa. 66. Acto. 7. von dem Tem
pell bawen/ von den lebendigen Tem-
pel/ Lese/ 1. Cor. 3. 2. Cor. 6. 1. Pet. 2.
Ephe. 2. Von den fasten/ lese Esa. 58.
Waß es für ein Gottes dienst vnd gut
werck sey/ darbey merck vff die gebotten fasten/ ꝛc. Von dem feyeren/ lese
Esa. 1. Vnd von denen beiden / lese
Paulum Coll. 2. Matth. 15. vnd/ 12.
Marc. 2. Von dem opffern/ lese Oseam
6. Matth. 9. Ich hab ein wolgefallen
an der Barmhertzigkeit (spricht der
HERR) vñ nicht am Opffer/ pfaff/
Münch

Münch oder Nonnen werden/ ist kein Gottes dienst/ noch gut werck/ sonder ein irrige abtrettung vom rechten glauben nach der lehr des Teufels/denn bey jnen wird der ehelich standt vnd speiß verbotten/1.Timo. 4. Singen vnd Betten die erdichten vnd geplertzen sieben tagzeit oder anderst/on verstandt/geist vnd glauben/ist kein Gottes dienst/ noch gut werck/sonder viel mehr ein sünde vnd Gottes lesterung/Rom.14. Alles was nicht auß dem glauben ist/ das ist sünde/Esa. 29. vnd Matth. 15. Dis volck (phariseer vnd jres gleichen pfaffen/Münch/vnd Nonnen) nehet sich zu mir mit dem mund / vnd ehret mich mit den lefftzen/aber ir hertz ist fern von mir/Sie dienen mir vergeblich/mit menschen gebotten/vñ lehren. Sie da/Gott wil solches dienst nicht haben/Er ist jm ein grewel/vergeblich vnd lesterlich.

Meß halten ist kein gut werck/damit wir Gott dienen: Sonder viel mehr dienet vns Gott darin so wir anderst

H recht

recht damit handlen. Denn wir entpfahen darin gutthat von Got/ Nemlich seinen leib vnd blut jm glauben zu vnserm heill: Aber Gott entpfahet nichts von vns/ Er dienet vns/ wir jm nicht. Darumb die Meß nicht ein gut werck ist/ damit wir Gott dienen: Sonder viel mehr ein dancksagung vmb der gutthat willen die wir võ Gott empfangē. Darum auch die päbstisch Meß/ darin man vermeint Christum zuopffern/ vnd ein gut werck damit außzurichten/ jm grundt nichts werd ist/ vnd ein lauther verspottung Gottes vnd seiner wercken gegen vns/ Dauon in dem Bericht so ich von der Meß geschriben hab klerlicher gehandelt wird.

Jarzeit vnd seelmeß stifften/ ist viel mehr ein pfaffendienst den ein Gottesdienst. Denn jre Sathanische geselschafftē werdē dardurch gefürdert im fressen/ Sauffen/ Raßlen/ Spilen/ vnd vielen anderen leichtfertigkeiten/ die darneben geübet werden/ wie es leid am tag ligt. Je besser die Presens ist/ je vnrüiger das

Zarten

Kartenspil vnd die weinkanten müssen sein etwan Vigilie helffen singē die gantze nacht biß an den tag. O ein grosser seelentrost / Gott müß erbarmen daß wir also blind sind/vn̄ den Teufflischen grewel nicht erkeñen wōllen. Die Stifft vn̄ klōster haben nun ein lange zeit fast zugenomen vn̄ seind reich worden von dem erdichtē fegfewer/ vn̄ seinem Libera me Domine. Sie haben alle wol gezecht in allem lust vn̄ vberfluß/ võ dem Absolue. Aber der Adell vn̄ das gemein volck sind arm worden/ das fegfewer hat jnen die kisten vnd seckel dapffer geseget/ sie haben sich selbst vnd jre kinder beraubet/ von jren gütern pfrunden vnd Messen gestifft/ darbey erneret vnd erhalten ein starck/ faul/ fressig/ leichtfertig/ geil/ vnnütz volck / von denen jn Gott nichts befolhen hat: vnd daneben verlassen die armen/krancken/hungerichen dürstigen/ ʒc. die jnen Gott zuerhalten manchfeltig befolhen hat. Darumb solche stifftungen keine Christliche gute werck sein mōgen / darin viel mehr

h ij dem

dem Teufel denn Gott gedienet wird/ Wol dem der es verstehet/vom fegfeu-wer folget ein besonderer bericht her-nach.

Kertzen vnd lichter brennen in den Tempeln bey tag wan man sonst wol gesihet/ist kein Gottes dienst/ noch Christlich gut werck: Sonder ein jüdi-sche Ceremonien/ welche vns Christen nichts angehet. Denn wir haben nun das war licht Jesum Christum/ vnd sein heiliges Euangelion/Johan.1. Vñ Psal.118. Die sollen durch den glauben leuchten in vnsern hertzen gegen Gott/ vnd brennen in der liebe gegē dem nech-sten. Wo das nicht geschicht/da ist das eusserlich licht vnd Ampelbrennen/ sonderlich bey tag/ ein thorechter vn-nützer kost bey vns Christen/ damit weder Gott noch den menschen gedie-net wird. Gott ist nicht blind/ er sitzet auch nicht in der finsternuß/ darumb bedarff er keines lichts: die menschen so ire augen vnd gesicht haben/ bedörf-fen tags auch keins lichts darbey zusehē.

Wo

Wo man aber bey der nacht etwaß auß
richten sol/ sind die lichter nicht zuuer-
werffen/ es sey im Tempel oder sonst in
andern ortten/ wer bey dem licht wandelt der zerstöst die füß nicht.

Wallen zu den heiligen vnd sie an-
ruffen/ als vnsere mitler vñ fürsprecher
für Gott/ ist kein gottes dienst noch gut
werck: Sonder ein offentliche verleuch
nung Christi des Sohns Gottes/ 1.
Timo. 2. Es ist ein Gott vnd mitler
zwischen Gott vnd dem menschen/
nemlich der mensch Christus Jesus/ der
sich selbst geben hat zu erlösung für je-
berman. Item/ 1. Johan. 2. Ob jemandt
sündiget/ so haben wir ein fürsprechen
bey Gott Jesum Christum der gerecht
ist/ vnd derselbig ist die versünung für
vnsere sünden. Nicht allein aber für die
vnsere / sonder auch für der gantzen
weld. Darumb wil auch Christus ha-
ben/ daß wir anderst nirgent hinlauf-
fen sollen in aller vnser anligender not/
denn allein zu jm. Matth. 11. Spricht
er: Kompt her zu mir alle die jr müselig

H iij vnd

vnd beladen seid / ich wil euch erquick-
en/ das ist / hilff vnd trost beweisen.
Merck/ er spricht: Kompt alle zu mir/
vnd sagt nicht/ laufft hin wallen zu
sanct Jacob / zu sanct Niclaß/ ꝛc.
die werden euch helffen / Nein / nein/
sie können niemants helffen/auch jnen
selbst nicht: sonder sind alle durch die
hülff vñ gnade Jesu Christi selig wor-
den/ zu dem allein (vnd keinem andern
heiligen) sind sie selbst gangen/ vñ jm
gefolgt in dem glauben / daran haben
sie ein guts werck gethan/ wie Christus
sagt Johan. 6. Das ist Gottes werck/
daß jhr an den glaubet / den er gesandt
hat. Die walfart des glaubens in Jesum
Christum/ ist ein gut Christlich werck/
vnd füret vns zu Gott: alle andere wal
farten sind aberglaubig vnd füren ab
von Gott. Darumb können sie nimmermehr gute werck sein/ Johan.14. Sagt
Christus / Jch bin der weg / die warheit vnd das leben. Niemandt kompt
zum Vater/ deñ durch mich. Sihe da
stehet es klar/ daß alle andere walfarten
aber-

aberglaubig sind vnd von Gott abfü-
ren/ darumb wirdt sich kein frommer
Christ damit bekümern. Der Papisten
heiligen dienst/ ist abgöttisch/ Exod.
20. Deut. 6. Matth. 4.

 Creutzfarten machen/ vnd mit den
Creutzen gehn/ wie bißher gewonheit/
vñ die menschē erdichtet haben/ist nicht
allein kein Christlich gut werck/ sonder
ein lauter spot vnd gleißnerisch narren
werck. Dieweil das heilig Euangelion
(welches ein wort des Creutz ist/ 1.
Cor. 1.) veracht vnd verhasset wird/
auch das recht Christlich Creutz geflo-
hen wird/ dauon der HERR sagt
Matth. 10. Luc. 14. Wer nicht sein
Creutz vff sich nimpt/ vnd folget mir
nach/ d̄ ist mein nicht werd/ vñ kā nicht
mein Jünger sein. Vñ widerum̄/ Matt.
16. Luc. 9. Marc. 8. Wil mir iemandts
nachfolgē/ d̄ verleugne sich sebst/ vñ ne
me sein Creutz auff sich täglich/ vñ folge
mir nach. Sihe/ dz ist die rechte Christ
liche Creutzfart/ die Christus selbst vff
gericht hat für sich vnd alle außer-
    H iiij welten.

welten. Welcher mensch darbey nicht gefunden wird / der ist auch kein rechter Christ oder Jünger Christi / wan er schon Rock vnd Mantel vol gemalter Kreutzen hengte (wie den etlich ordensleuth thun) vnd alle tag mit des Pabsts Gregorij / oder des Bischoffs Mammerti Creutzfarten ginge biß gen Rom / vnd biß gen Wien in Osterreich / daher sie auch am ersten jren vrsprung haben / möchten sie doch keinen Christen machen oder jemans helffen. Ich laß mich nichts bewegen / acht auch nicht groß was in etlichen Büchern bey diesen erdichten Creutzfarten geschriebē ist / Gehen tod zu Rom / von Wolffs beissen in Osterreich / waß gehet das einen Christen menschen an / der sich vnder das recht Christlich Creutz begeben hat / vnd anderst nicht begert / deñ daß er sterbe vnd bey Christo sey / der tod kom gelinge oder stelinge / da ligt jm nichts an / er wird kein wallfart dar für thun: Sond allein den HERREN bitten daß er zu der zeit des tods bestendig

dig jm glauben funden werde/ darin er
ewigs leben haben sol. Am gehen tod
ist jm nicht viel gelegen so es d HERR
also haben wil. Von dem wolffbeissen
in Osterreich/ haldt ein ieglicher was
jm gefeld/ man hat etwan vil fabulen
Beschrieben/ vnd ist wol zuerbarmen
daß vmb der wölffen willen ein solchs
wesen ist angericht worden in der gantzen Christenheit. Es ist ja ein wunder
daß die wölff ihr zen behalten vnd die
schaffe nach allezeit zerrissen vnd fressen haben/ so man doch alle Jar Creutz
farten darfür gethan hat. Wo rechte
Christen weren/ die soltē sich solchs nar
renwercks schemē. Lese das Rationale diuinorum officiorum/ von den Creutzfarten/
vñ halte es gegen der heiligen geschrifft/
so werden sie eben bey einander stehn
wie Christus vnd Belial. Noch acht
man es hoch vnd folget jm nach / als
sey es sehr ein köstlich ding vnd ein
Christlich gut werck mit denselbigen
Creutzfarten. Das machts aber / daß
sie leichtlich zuthun sind / die Creutz
H v trücken

trucken nicht vbell vnd laſſen jederman
bleiben wie er iſt: Aber die Creutzfart
Chꝛiſti iſt dem fleiſch gantz ſchwer zu⸗
volbringen/ das Creutz truckt ſehꝛ vbel/
es treibt den ſchweiß auß mit angſt vnd
not/ daß etwan haut vnd har mitein⸗
ander dahin geht/ es bringt armut vnd
elend/ hunger vnd kummer/ es treibt
von Vater vñ mütter/ Brüder vñ ſchwe
ſter/ es verjagt von hauß vñ hoff/ von
güter vñ haab/ acker vñ wiſen/ es bringt
neidt vñ haß von den weltkindern/ es
bringt verfolgung von den Tyrannen
mit ſchwertern/ ſtrengē/ waſſer vñ fe⸗
wer/ vñ in ſumma/ bringt das Chꝛiſt
lich Creutz der gantzen welt vñ des Teu
fels vngenaden vñ grimmigē zoꝛn. Dar
umb wil auch niemandt mit dieſer
Creutzfart zuſchaffen haben/ vnd in ſol
chem engen weg wandelen. jederman
ſucht ſeinem fleiß raum/ luſt/ freud vñ
gut gemach/ reichtumb/ gut/ ehꝛ/
freundtſchafft vñ gnad dieſer welt/ in
dem weiten vnd breiten weg zuwan⸗
dlen/ das deñ alles wol bey den erdichtē
Creutz⸗

Creutzfarten mag bestehn/darumb werden sie auch angenomen vnd gehalten: die ander aber wird veracht vñ verworffen/ vnd damit wird verworffen das Reich Gottes vñ ewigs leben. Deñ also stehet geschrieben/Act. 14. Durch viel trübsall müssen wir in das Reich Gottes gehn / gleich wie auch Christus hat müssen leiden/ vnd also eingehn in seine herligkeit/ Luc. 24. Wer nun nicht mit leidet/ d wird auch nicht mit jm Regiern/Rom. 8. In summa/welcher sein eigen Creutz nicht auff sich nimpt/ mit verleugnuß sein selbst / vñ volget dem HERREN täglich nach/ der ist sein nicht werdt. Waß solde er ben jm himel zuschaffen haben? Creutzlose/himellose: welchem eins nicht gefeld/der muß auch des andern mangeln/ Christus leuget nicht.

Gnad vñ Ablaß lösen oder kauffen ist kein gut werck/ sonder ein gottloß/vermaledeit werck/schmehlich vñ lesterlich der gnaden Gottes/so vns one allen vnsern verdienst reichlich bewisen ist/
durch

durch den bittern tod vnd blut vergieſ-
ſen Jeſu Chꝛiſti. Daß es ein vermaledeit
werck ſey / bezeuget der heilig Petrus
Act. 8. Da jn Simon der gnaden kauff
man / als ein gnaden kremer anſprach /
vnd jm ſampt den andern Apoſteln
gelt geben wold vmb des heiligē Geiſts
gaben / Sprach Petrus zu jm: Daß du
verdampt werdeſt mit deinem gelt /
daß du meinſt Gottes gabē werd durch
gelt erlangt / du wirſt weder theil noch
anfal haben an dieſem wort / den dein
hertz iſt nicht vffrichtig für Gott.
Darum thu buß für dieſe deine boßheit /
vnd bit Gott / ob dir vergeben werden
möcht / der duck deines hertzen / denn
ich ſehe daß du biſt vol bitter galle /
vnd verknüpfft mit vngerechtigkeit.
Sie da wie der heilig Petrus den Ablaß verkündet. Fürwar hetten jn die
päbſt auch alſo verkündiget / ſie hetten nicht ſo viel gelts darauß gelöſet /
jederman hette ſich für dem kauffman-
ſchatz geförcht als für dem Teufel. Itē
daß Ablaß kauffen auch ein werck ſey
ſchmelich

schmelich dem tod vnd blutvergiessen Christi/haben wir widerumb/ 1. Pet. 1. Jhr seid nicht mit vergenglichem silber oder golt erlöset: Sonder mit dem tewren Blut Christi. Darumb welcher Ablaß vnd gnadt/ oder verzeihung seiner sünden vnderstehet mit gelt zuerlangen/ der schmecht vnd lestert den edlen tewren schatz vnser erlösung/ nemlich das vnschuldig Blut Jesu Christi. Kan es mit gelt außgericht werden/ waß dörfft denn Christus sterben vnd sein blut vergiessen? Dauon auch Esai. geweissaget hat / Esa. 52. Jhr seid vmb sonst verkaufft/ vnd solt widerumb erlöset werden one silber. Ferners spricht der heilig Paulus Ephe. 1. Gott hat vns durch seine gnad angenem gemacht in dem geliebten/ an welchem wir haben die erlösung durch sein blut/ nemlich die vergebung der sünden/nach dem reichthumb seiner gnaden/ welche er vberschüttet hat vff vns. Auch Rö. 3. Alle glaubigen werden one verdienst gerechtfertiget auß der gnaden Gottes durch

durch die erlösung/ so durch Christum geschehen ist/ welchen Gott hat fürge‑ stelt zu einem gnaden stul/ durch den glauben in seinem Blut/ ꝛc. Hie steht es klar genug/ wer es anderst sehen kan/ daß Gottes gnad vnd verzeihung der sünden durch das leiden vn̄ sterben Christi schon erlanget ist/ vn̄ tewer erkaufft mit seinem Blut/ für alle die an jn glau‑ ben. Welcher ein Rechter Christglaubi‑ ger mensch ist/ der ist gewiß in der gna‑ den Gottes/ vn̄ sind jm alle seine sünde verziehen durch den glauben in Jesum Christum/ Rom. 4. 5. 8. Bedarff die gnaden Gottes nicht allererst mit gelt er‑ kauffen. Des Pabst gnade kan mā wol mit gelt erkauffen/ wer ir anderst Be‑ gert. So man jm mehr gelts gibt/ so er gnediger ist. Das hat man in Teutschen landen wol offt erfaren: Aber Gottes gnade wird mit keinem gelt erlangt/ son der allein durch den glauben in Jesum Christum. Welcher nicht glaubet/ der darff sich Gottes gnaden nicht vertrö‑ sten: Sonder d̄ zorn Gottes bleibt vber
jm/

jm/ Johan.3. Wan er schon dem Pabst alle tag hundert tausendt ducaten vmb ablaß gebe/ were er jm doch für Gott nicht eines hosennestels wert. Des Pabsts ablaß hilff die vnglaubigen falschen Christen nicht / die rechtglaubigen bedörffen sein nicht: ist deßhalben ein vergeblich ding / vnd ein vnnutzer kost so darauff gewendet wird/ ich geschweige der gotslesterung. In summa/ so wir glauben/ Reiniget vns das Blut Jesu Christi von allen sünden/ 1 Joh. 1. Vn̄ gar nicht des Pabsts ablaßbrieff/ von denen zubesorgen ist / sie seien vff füchsene heut geschrieben/ Sie absolnieren die seckell sauber vom gelt/ Gott geb wo die seelen bleiben. Darumb sie auch von den altē Lehrern genant werdē, Pie fraudes, quibus populus officioso errore ducatur Sententia ad pietatem etc. Zu gutem theutsch / Ein antiquorū geistlich betrug / ein kluge lügen. Non Doctorum enim impias fraudes dicere ausi fuerunt (quam‧ de indulgētis veritatē cognouerint)prohibiti autoritate Pa gentijs‧ pæ, eiusq́; triplicis Coronæ aspectu, cuius fulgore totus excæcatus est orbis, & verè ductus officioso errore,

errore, ad summam impietatem. Nam cœci ha∫ ctenus fuimus omnes, Cœcorumq; ductu cecidimus in foueam. Matth. 15.

Beichten jm Jar ein mal alle sünden mit jren vmbstenden nach des Pabsts gesatz vñ gebott/ darnach für dieselbige sünden Buß entpfangen in meinung für sie gnug zuthun/ist kein Christlich guts werck/ sonder ein gleißnerischs/ freuelichs/ vnd vermeßlichs/ darzu ein gots lesterlichs werck/ Es ist gleißnerichs. Denn es geschicht nicht auß reinem vñ willigem hertzen Gott zu ehren/ auch nicht auß liebe der fromkeit vnd gerechtigkeit: sonder auß lauterem zwanck vñ Tyrannischer forcht/ darumb kan es nimmermehr gut sein/ noch Gott wolgefallen/ dieweil es one glauben vnd liebe geschicht. Gott wil je in allen vnsern wercken/ die gut für jm sein sollen/ ein Reines glaubigs vnd liebends hertz haben. Wo aber das nicht ist/ da ist auch viel gleißnerey/ verspottung vnd verachtung Gottes. One glauben mag niemandts Gott wol gefallen/ Hebre. 11. Auch

11. Auch sol man Gott lieben von gan~
tzem hertzen/ seel/ gemůd/ vnd von al
len krefften/ Deut. 6. Matthei 22.
Marc. 12. Luc. 10. Darzu haben wir
nicht ein knechtlichē Geist entpfangen/
zur forcht/ sonder ein kindtlichen Geist/
durch welchen wir schreien/Abba/hertz
lieber Vater. Solchs geschrey geschicht
nicht von denen menschen die auß ge~
bott gezwungen/ vnd getrungen beich~
ten/büssen/ꝛc. vnd from sind. Deñ wo
zwang vñ getrang ist/ da ist kein kindt
liche liebe/ kein lust noch guter wille/
sonder eitel knechtliche forcht/ vnlust
vnd vnwil/ daran Gott kein wolgefal
len hat. Darum̃ auch alle solche werck/
die in forcht der straffe vnd vnwillen ge
schehen: lauther gleißnerey vñ vnchꝛist
lich sind/ mögen deßhalbē nimmer gut
sein/ geb waß alle welt sonst auß jrem
gutduncken darzu sage vnd liege. Mit
gebotten zwingen vnd tringen/ macht
man nichts deñ eitel gleißner/ vnd nim~
mermehꝛ keinen Chꝛisten. Denn es fehlet
alwegen am hertzen/ welches Gott al~
lein fordert. J Zum

Zum andern ist das Beichten aller sünden/ nach des Pabsts gebot/ ein freuelichs vnd vermeßlichs werck/ deñ es kan kein mensch vff erden alle seine sünde erkennen vnd wissen/ Psal. 18. Wer ist der mensch der alle seine misse= that erkenne? HERR mach mich rein von meinen heimlichen sünden. Jere. 17. Des menschē hertz ist vol böser dück/ wer kan es erforschen? Niemants deñ Gott allein/ Es ist alles sünde was an dem natürlichē menschen ist/ Psal. 50. Jch bin in sünden empfangen vnd ge= born auß mutter leib. So stehn alle sin vnd gedancken des menschlichen her= tzens alle zeit zum allerbösesten/ Gen. 6. vnd 8. Wie ists deñ möglich daß nach des Pabsts gebot/ ein mensch alle seine sünde in d' orenbeicht künde erzelen/ ich geschweige der vmbstende/zc. Darumb ist dieser Bericht/ ein gantz freuenlichs vnd vermeßlichs werck/ wie denn auch der mensch ein freueler ist wider Gott/ der solches gebot vff das arm volck treibt.

Zum

Zům dritten ist die Buß so in d Beicht
vffgelegt vnd angenomen wird / in
meinung damit für die sünde gnugzu-
thun/ ein gotslesterlichs werck/ schme
lich dem bittern leiden vnd sterben Jesu
Christi. Denn so wir durch vnsere werck
für die sünde künten genugthun vnd
die gerechtigkeit erfüllen: So were Chri
stus vergeblich gestorben/ vnd het sein
Blut vmb sunst vergossen/ Gal. 2. So
durchs gesatz gerechtigkeit kompt: so ist
Christus vergeblich gestorben. Haben
des gesatz werck/ die doch Gott selbst
gebotten hat/ die Juden nicht mögen
from vnd von jren sünden ledig machē:
viel weniger werden vnsere erdichte werck menschlicher gesatz solchs
außrichten/ sonder Christus hats alles
volkomlich außgericht/ durch seinen
tod vnd blutvergiessen/ Er hat vnsere
sünde gantz gebüsset am Creutz / vnd
dieselbige Buß zu einem geschenck/ allen denen die an jn glauben biß zum
ende der welt/ Esa. 53. Vnser straff
ist gantz all vber jn kommen/ vnd in

J ij seinen

seinen wundenstreymen sind vnsere
wunden heil worden. Merck da / er
spricht vnser straff / das ist / die straff
(welche wir Buß nennen) die wir von
vnser sünden wegen solten leiden / ist
gantz all vber jn komē/das ist/er hat sie
gantz miteinander für alle glaubigen ge
tragen vnd gelitten / wie der nachfol-
gendt Text sagt: Vnser aller sünde ist
vff jn gefallen/er hat kein sünden straff
noch Busse (wie die Päbstler davon
handlen) lassen vberbleiben für die glau
bigen in nachfolgender zeit zu tragen.
Denn welche in Christo Jesu sind: die
haben kein verdamnuß/Rom. 8. Noch
viel weniger werdē sie andere straff für
die sünden müssen leiden/ dardurch für
sie gnug geschehe. Er hats gantz vnd
all außgericht/wo er noch etwas vber-
entzigs da hette lassen bleiben/ vñ nicht
gantz alles volkomlich außgericht hette: wie möchten den seine wort bestehn
die er jm Nachtmal geredt hat? Nemet
hin vnd trincket alle darauß/das ist der
kelch des Newen Testamēts in meinem
Blut

blut das für euch vnd für viel vergossen wird/zu uerzeihung der sünden. Sihe da/die sünden sind schon verzihen allen glaubigen menschē durch das blutvergiessen Christi/ vnd werden nicht allererst/ durch menschliche Bußwerck verzihen. Solches trückt auch Esaias auß jn seinem obenangezogenē spruch/ also: In seinen wundenstreimen sind vnsere wunden/das ist/sünden/heil worden. Er spricht in seinen wundenstreimen/ nicht in vnsern bußwercken. Summa Summarum: Das blut Jesu Christi reiniget vns von allen sünden/ 1. Joh. 1. Vnd kein päbstische Bußbullen noch Brieffe. Lese Paulum Ephe. 1. Rom. 3. Coll. 1. et 2. 1. Pet. 2. Heb. 9. zc. Befindet sich also/ daß die Papistische Bußwerck/ damit man vermeinet gnug für die sünden zuthun/ gottslesterlich/ vnd dem leiden Christi nachteilig sind. Hiemit wil ich nicht verwerffen die rechtschaffene Christliche Buß/welche S. Johannes der Teuffer/ vnd nach jm Christus sampt seinen

J iij Apo

Aposteln geleret vnd geprediget haben/ der jn nit fürgeben werck / damit für die sünde gnug zu thun / sonder allein Besserung des lebens im glauben Jesu Christi. Welcher mensch solche buß annimpt/ dem hat Christus seine sünde warlich gebüsset/ Bedarff keines büssens mehr. Welcher aber nicht glaubt/ den wird kein Papistisch buß helffen/ er thu waß er wölle/ wan er schon aller Karteuser Kutten vff einen hauffen anzöge/ vnd nichts mehr den eitel stein fresse. Auch wil ich hie nit verwerffen / die Recht Christlich Beicht/ so in der heiligen geschrifft gegründet / vnd ein ieglicher mensch zu thun schuldig ist/ der anderst selig werden wil/ nemlich die Beicht des glaubens gegen Gott / vnd die Beicht der liebe gegen dem nechsten. Von der ersten sagt der heilig Johannes in seiner ersten Epistel am ersten Capitel: So wir Gott vnsere sünden bekennen/ so ist er trewe vnd gerecht/ daß er vns die sünde verzeihe/ vnd vns reinige von aller vngerechtigkeit. Also hat

hat gebeicht der Prophet Dauid/Psal.
31. HERR ich mach meine sünd offen-
bar/ vñ verhele meine missethat nicht/
Ich sprach/ich wil dem HERREN
meine sünd bekeñen wider mich/da ver-
gabest du mir die missethat meiner sünden. Dergleichē findet man viel bey dem
Propheten Dauid/ von bekantnuß der
sünden/Nemlich im 50. Psal. Sagt er:
HERR, ich erkenne daß ich vngerecht
bin/ vnd mein sünde ist mir allezeit vor
meinen augen/ich bin dir allein ein sünd
vñ vbelthätter. Also haben gebeicht die
Juden/so von Jerusalem kamen zu der
Predig vñ Tauffe Johañis an dē Jor-
dan/ Matt. 3. Also hat gebeicht d' heilig
Paulus/da jm d' HERR ruffet/ Act. 9.
Vñ widerumb 1. Timo. 1. Sagt er/ Ich
bin d' gröst vñ fürnembst sünd: aber ich
hab barmhertzigkeit erlanget/ ꝛc. Also
hat gebeicht d' heilg Paulus/Aber nicht
mit worten/ sonð mit trenen der augē/
in bitterkeit seines hertzen/ Matth. 26.
Also auch die sünderin/ die da saß zu des HERREN füssen in dem hauß Simonis/Luc. 7. Also hat gebeicht der *Item latro in cruce.*

zolner

zolner/ Luc. 18. HERR sey mir armen
sünder gnedig. Also hat gebeicht der ver
lorn sohn (welche der HERR in gleich
nuß anzeugt) Vater ich hab gesündi-
get in den himmel vnd für dir. Diese
Beicht ist allen menschen vonnöten/ vn̄
one sie mag niemandts selig werden.
Es bedarff aber nicht viel erzelens mit
stuckweiß nacheinander sampt jren
vmbstenden/ wie die Päpistische kirch
erfordert: Sonder allein daß sich der
mensch mit demütigem hertzen/ alle zeit
für Gott erkenne vnd bekenne/ als einer
armen vermaledeiten sünder/ der Göttlicher gnaden vnd barmhertzigkeit not-
türfftig sey zu der seligkeit/ Auch festig-
lich glaube/ Gott wölle jm sölche gnade nach seiner zusage gewißlich mitthei
len durch Christum seinen liebē Sohn/
welcher alle vnsere sünde auff seinem
Ruck getragen hat/ Esai. 53. Vnd teu-
wer bezalet. Von der ander beicht der
liebe/ durch welche sich ein mensch mit
seinem nechsten versönet/ dem er etwan
leidts gethan hat / sagt der HERR
Matth. 5.

Matth. 5. Wan du deine gabe zu dem
Althar tregst/ vnd daselbst jngedenck
wirst/ daß dein Bruder etwaß wider
dich hat/ so laß deine gabe daselbst lies
gen/gehe hin vnd versöne dich vor mit
deinem Bruder/ ꝛc. Luc. 6. Vergebet/
so wird euch vergeben/ Matt. 18. Mein
himlischer Vater wird euch auch also
thun/ das ist/ er wird euch auch nicht
verzeihen/ so ihr nicht vergebet von her
tzen ein ieglicher seinem Bruder seine fele.
Vnd widerumb/ Sündiget dein Bruder
wider dich/ straffe in allein/ ꝛc. Von
dieser Beicht sagt auch der heilig Jaco-
bus/ Jac. 5. Bekennet einander ewere
sünde/ vnd bittet Gott einer für den an
deren/ vff daß ihr selig werdet. Ohne
diese Beicht kan auch niemadt selig wer
den/ An welche vns ermanet das gebet
das vns Christus geleret hat/ als offt
wir sagen/ Vergebe vns vnsere schuld/
wie wir vnseren schuldigern vergeben.
Siehe/da steht die Beicht/vñ also lauts
bey einander/wer sie recht verstehn kan.
Davon Hieronymus/ Augustinus/
J v Ambro-

Ambrosius / vnd andere lehrer auch reden / so offt sie des Beichtens gedencken. Darumb sol man jrer schrifften recht acht nemen / denn sie reden nichts von des Pabsts erdichten vñ erzwungenen orenbeicht / welche nichts anderst ist / denn des Teufels metzelschragen / darauff die armen gewissen gemartert vnd gepeiniget werden / vnd etwan getrieben in verzweiffelung zu jrer ewiger verdamnuß / welche viel billicher durchs heilig Euangelion getröstet vnd befestiget solten werden in der gnaden Gottes zu seliger hoffnung des ewigen lebens. Der metzelschrage ist vielen nutz gewesen / darumb hat die schinnerey vberhand genomen / gar beynach in allen winckeln / Gott wolle es bessern. Die orenbeicht / wiewol sie nicht grunde hat in der heiligen geschrifft / verwirffe ich sie doch auch nicht gantz aller dingen: Nemlich so sie geschicht one gezwungen vnd getrungen / nicht durch gebot / straff oder pein: Sonder gantz freywilliglich vnd auß hertzlicher

licher Begirde/ eines geruigen stillen vnd freidtsamen gewissens. Da ein mensch etwan sonderliche jrthumb in sachen des glaubens hat/ oder sonst eigene anfechtunge etwan heimlich in seinem hertzē leidet: da ist es nicht böse/ sonder fast nutz vnd gut daß ein solcher mensch/ nicht allein einmal jm Jar/ vnd eben vff die Osterlich zeit: Sonder so offt vnd dick jnen sein gewissen treibt/ zu seinem pfarherr vnd hirten gange/ der jme das Euangelium prediget/ oder sonst einen frommen gelerten Christen suche/ dem er klage vnd sage sein anligens vnd brauch diese heimliche Beicht/ Nicht das er ein gut werck damit außrichten wölle/ oder sich von sünden weiß wäschen/ sonder daß er rath vnd trost seines jrrigen vnd vnruigen gewissens hole auß dem gnadenreichen wort des heiligen Euangelij/ durch welches worts glauben/ jm seine sünde zuuor verziehen sind/ jn Krafft des tots Christi/

Christi/ vnd nicht der Beicht. Solche frey willige Beicht / darin rach vnd trost der armen angefochtenē gewissen gesucht wird: hab ich nie verworffen/ sonder alwegen gerůmpt vnd gelobt/ als ein guts Christlichs werck / dardurch auch Gottes ehr gesucht wird jm namen Jesu Christi / welcher deß verheissen hat/ daß er selbst mit vnd gegenwertig sein wölle / so offt zwen oder drey in seinem Namen versamlet sind/ Matth. 18. Aber des Teufels verzweiffelten metzelschragen sampt seiner mörderey vnd schinderey/ habe ich offt verworffen/ vleiße michs auch noch jnen vmbzustossen wo ich kan / vnd so viel mir Gott seine gnade darzu verleihet.

Zum heiligen vnd halben Sacrament gehn jm Jar ein mal / auß gebott vnd ordnung des Pabsts: ist ein gleiches lesterwerck / wie auch das Beichten. Denn der heilig Paulus sagt 1. Cor. 11. Ein mensch d́ des HERRN Nachtmal empfangen wil / der průfe vnd bewere zuuor sich selbst/ Nemlich wie

wie sein hertz stehe jm glauben gegen
Gott/ vnd in der liebe gegen dem nech-
sten/ alß deñ esse er von dem Brot / ꝛc.
Vnd sagt nicht/ Ein mensch hab acht
darauff/ wan es jm der Pabst gebeut/
so kömme er herzu. Darumb ist die entpfahung des heiligen Sacraments /
vmb des menschlichen gebots willen/
gleißnerisch vnd gotslesterlich/ wie die
gebotten Beicht one glauben vnd liebe.
Ober das so hangt dieser päbstische
entpfangnuß des heiligen Sacraments
an/ die ewige verdamnuß/ wo sie nach
erkanter warheit freuenlich gehandelt
wird. Denn je Gottes wort vnd werck/
da offentlich zerrissen / veracht vnd
verspot werden in halbierung des heiligen Nachtmals Christi/ welche halbierung ein gewisses zeichẽ ist des verzweif
felten vnglaubens/da der mensch nit allen worten Christi gantz von hertzen
glaubet/ Nemlich denen: Trincket alle
darauß/ daß ist ō kelch/ ꝛc. Da glaubt
er dem Pabst mehr den Christo / denn
er trinckt des HERREN kelch nicht/
sonder

sonder isset allein vom Brot/ wie jn der
Pabst heist/deßhalben er vermaledeiet
ist. Jere. 17. Vermaledeiet ist / der
sein vertrawen vff einen menschen setzt.
Welcher aber nicht glaubt vnd vermaledeiet ist / der kompt auch nimmer
wirdig zu des HERREN tisch/ er
wird schuldig an dem leib vnd Blut
Christi / er isset vnd trinck jm selber
das gericht zum ewigen tod / wie
Paulus sagt / 1. Corin. 11. Darumb
das halb Sacrament entpfangen/ nach
päbstlicher ordnung vnd gebot (welche der ordnung vnd Befelch Christi
widerwertig vnd schmehlich sind) ein
vnchristlich / vermaledeits werck ist/
vnd mag auch nichts Bessers darauß
werden/ so lang als Christus der warhafftig Sohn Gottes bleibt sitzende zu
der gerechten des Vaters/ vnd allen gewalt hat im himmel vnd vff erde/
Matth. 28. Auch keinen gewalt geben
hat weder dem Keiser nach dem Pabst
oder den Concilijs/ sein wort zu endern
noch zu zerreissen / denn es muß ewig
bleiben/

bleiben/ Matth. 24. Die weldweiſſen rümen ſich gleich wie ſie wöllen/ ꝛc. Vom Sacrament/ leß mehr/ oben jm fünfften Artickel/ alhie iſt es jetzundt gnug.

Nicht fleiſch eſſen an freytagen vnd Sampſtagen/ oder Milch/ Keß/ Ayer/ Butter an etlichen verbanten tagen/ nach Päbſtlichem gebot/ iſt kein gut Chriſtlich werck oď Gottes dienſt: ſonder es iſt ein Aberglaubiger jrthumb/ gefloſſen auß des Teufels lehren/ 1. Timo. 4. Der geiſt ſagt/ daß in den letzſten zeitē werden etliche von dem glauben abtretten/ vñ anhangē den jrrigen geiſtern vñ lehren ď Teufel/ vñ verbieten ehelich zuwerden/ vñ zu meidē die ſpeiſſe die Gott geſchaffen hat zu nemen mit danckſagung den glaubigen ſo die warheit erkant haben. Denn alle creatur Gottes iſt gut/ vñ nichts verwörfflichs dz mit danckſagung entpfangen wird/ denn es wird geheiliget durch das wort Gottes vnd das gebet. Es iſt zum andern ein gleißneriſch werck/ Coll. 2. So jr ſeit geſtorben

gestorben mit Christo von den weltli-
chen satzungen/ waß lasset ihr euch den
fahen mit satzungen/ als weret ihr lebendig? Die da sagen/ Du solt das nicht
anrüren/ Du solt das nicht essen noch
trincken/ Du solt das nicht anlegen/ wel
ches sich doch alles vnder handen ver-
zert/ vnd ist nach gebotten vn̄ lehren d'
menschen/ welche haben wol ein schein
der weißheit (da merck die gleißnerey)
durch selbst erwelte geistligkeit vnd de-
mut/ ꝛc. Im selbigen Text gleich für die-
sem/ sagt der heilig Paulus: Lasset euch
niemants gewissen machē vber speiß
oder tranck/ ꝛc. Folget hernach/ Lasset
euch niemants das ziel verrucken der
nach eigener wahl einher geht/ in demut
vnd geistligkeit der Engel/ deß er nie
keins gesehen hat/ vnd ist one sache vff
geblasen (merck die hoffertig gleißnerey) vnd helt sich nicht an dem haupt/
das ist/ an Christo. Es ist zum dritten
ein dörechtig vnd vnnutz werck/ Hebre.
13. Lasset euch nicht mit mancherley
vnd frembden lehren vmbfüren/ denn
es ist

es ist gut durch gnade das hertz befestigen/ nicht mit speisen/ durch welche kein nutz haben entpfangen die darinnen gewandelt haben. Es ist zum vierten ein Jüdisch/ lügenhafftigs fabelwerck/ das von der warheit abwendet/ Tit. 1. Straff die Creter hart/ vff daß sie gesundt seyen im glauben/ vnd nicht achten vff die Jüdische fabeln vnd menschen gebot/ welche die warheit abwenden. Den reinen/ das ist/ den glaubigen ist alles rein / den vnglaubigen aber vnd vnreinē/ ist nichts rein/ sonder vnrein ist beide ihr sin vñ gewissen/ꝛc. Hieher gehöret jetzundt der spruch Christi zu einem beschluß/ Matth. 15. Marc. 7. ob vileicht jemandts an dem frommen Paulo keinen gnügen haben wolt. Also sagt aber Christus: Waß zum mund eingehet/ das verunreiniget den menschen nicht: Sonder waß zum mund außgeht/ das verunreiniget den menschen. Folget hernach waß zum mund eingeht/ dz gehet nicht ins hertz/ sonder in den bauch/ vnd wird durch

K den

den Natürlichen gang außgeworffen/ (darumb sind die speißheiligen eitel winckelheiligen/ die jr heiligkeit vff ein weck/ mit zlichten/ bawen) aber waß zum mundt herauß geht/ das kompt auß dem hertzen/ vnd das vnreiniget den menschen. Denn auß dem hertzen kommen böse gedancken/ Mordt/ Ehabruch/ Hurerey/ Dibery/ Falsche gezeugnuß/ Lesterung/ Geitz/ Schalckheit/ List/ Onzucht Schalcksaugen/ Hoffart/ thorheit: alle diese böse stuck gehn von jnen herauß/ vnd machen den menschen vnrein. Von freyheit der speiß/ lese/ Rom. 14. 1. Cor. 6. 8. 10 ¢ Gal. 4. Luc. 10. Act. 10. 11. Denn alle speise sind one vnderschidtlich alle tage einem Christen frey zu niessen/ vnd hat kein mensch gewalt dem Christē volck sonderliche tage vnd zeit/ weder zu fasten noch zu feyren/ bey einer todsünde vffzusetzen/ oder zu gebieten bey dem Bann. Welcher mensch sich aber solches zu thun vndersteht/ der braucht seinen eigen muttwillen wider Gottes

wort

wort/ vnd sol jm kein Christen mensch
gehorsam sein/ er wölle denn Gottes
wort verleugnen/ vnd des Teufels lehr
anhangen.

Bruderschafften vnd Münchsor=
den stifften/ oder vffrichten/ ist kein
gotsdienst/ sonder ein götzendienst.
Denn viel mehr den Creaturen darin ge=
horsamt vn̄ gedienet wird/ deñ Gott.
Sie haben je allesamt jre sonderliche
vnd eigene Patron/vff welche sie jr ver
trawen vnd zuuersicht stellen/ Sanct
Dominicum/ Franciscum/ Leonhar=
dum/ Sebastianum/zc. Darumb sich
in solche Bruderschafften oder orden
mit gelöbten vnd Ayten verpflichten/
auch kein gut Christlich werck ist/noch
sein mag: sond es ist ein trewloß werck/
dardurch ein mensch/ mit verachtung
seiner tauffgelöbd/ abtrinnig wird von
Gott/vñ von d einigkeit der algemeinē
Bruderschafft aller Christglaubigē men
schen/die sie habē in dem einigē Patron
vñ mitbrud Christo Jesu. Deñ bey dem
Tauff/ werdē alle getaufften Gott dem

K ij HER=

HERREN verlobt vnd zu eigen ergeben / vnder sein Reich / als sein eigen außerweltes volck / welches Reich begriffen ist in dem gnadenreichen Euangelio Jesu Christi (nit in Sanct Franciscus oder Dominicus Regelen) Darzu werden sie durch die gaben des heiligen Geists im glauben / ware kinder vnd erben Gottes / auch alle sampt Brüder vnd miterben Christi / Rom. 8. Gal. 3. Die alle güter / gaben vnd gnaden Gottes jres himlischen Vaters / gleich miteinander one absönderung gemein besitzen / haben vnd gebrauchen als glieder eines leibs / Rom. 12. 1. Cor. 12. Diese gemeine bruderschafft aller glaubigen / wird außgetruckt mit einem sonderlichen Artickel des glaubens / da wir sagen: Jch glaub ein heilige Christliche Kirch / gemeinschafft der heiligen / das ist / der frommen Christen allesampt / die von anbegin der welt her gewesen sind / vnd noch sein werden biß an das end. Es sagt auch Christus da von / Matth. 23. Einer ist ewer
Vater

Vater der im himmel ist (nit Dominicus/ Franciscus / Pater Prior, Pater Guardian) jhr aber seid alle Brüder/ nicht jhr die sich von allen menschen absündern/ in die Clöster lauffen / einerley farben kladung tragen / sich rottiren vnd zusamen verpflichten vnder menschliche satzungen/ Regeln vnd statuten/ vnd nach jrem eigenen fürwitz leben / in erdichtem gehorsam/ falscher armut/ vñ in gleissender hertzhürischer keuschheit: Sonder jre meine Apostell vnd alle menschen die in mich glauben/ mein Euangelische lehr hören vnd nach derselbigen leben/ jr alle seid Brüder vnd habt Gott zu einem Vater / deß kinder jhr seid. Wie auch der heilig Paulus sagt/ Gall. 3. Jr seid alle Gottes kinder durch den glauben an Christum Jesum/ denn wie viel ewer getaufft sind/ die haben Christum angezogen. Siehe da/ alle die da glauben dem Euangelio/ getaufft werden / vnd also Christum anzihen: Die seind rechtgeschaffene Brüder Christi vñ kinder Gottes/ vñ nicht die menschē die

K iij   in die

in die klöster lauffen/ menschē satzung
vnd Regeln halten/ vnd schwartze/
weisse/ oder grawe kutten anzihen. Die
heilige geschrifft weiß nichts von jren
zusagen/ noch von jren obseruantzen.
Vnd wan sie schon noch so grosse heiligkeit fürgeben/ so ist sie doch nichts
anderst/ deñ ein Pharisēischer heffel od
sawerteig/ darfür vns d̄ HERR war-
net/Matt.16. Ferrers sagt auch der heilig Paulus/ von der algemeinen Christ
lichen Bruderschafft/ Ephe. 4. Jch ermane euch in dem HERREN/ daß ihr
wandelt wie sichs gebürt ewerē Beruff/
darin ihr auch beruffen sind/ vff einerley
hoffnung ewers Beruffs. Ein HERR/
ein glaub/ ein tauff/ ein Gott vn̄ Vater
vnser aller/ d̄ da ist vber vns alle/ vnd
durch vns alle/ vn̄ in vns allen. Hie steht
aller Christen Bruderschafft klarer deñ
der helle tage/ darwider die falschen Brü
der nicht muffzen können/ welcher
ding nichts deñ eitel betrügliche verfü-
rung ist/ ich geschweige daß es ein gut
werck sein solt. Sage hieruff alle men-
schen/

151.

schen/ sie seyen was standts sie wöllen/ die jnen neben Gott erwelen vn̄ vffwerf sen/ es sey in oder ausserhalben den Klo stern/ andere newe Vätter od Patronē/ vnd denen sie sich vō anderē gemeinen Christen absondern/ vn̄ in eigenē newē Bruderschafften/auch mit eygenen selbst erdichten werckē/ Regelen vn̄ Statuten verloben vn̄ zusamen verpflichten/vnd damit ein eigenen weg suchen zu dem himel/ den sonst niemāds wissen noch gehn sol/ den welcher jrer secten ist: Alle diese menschē verachten vn̄ verleugnen jre erste tauffgelöbd / mit welcher sie Gott dē himlischē HERREN vn̄ Va ter ergeben sind vn̄ verzeichnet allein vn der seines Regiments gehorsam. Sie lestern das heilig Euangelion Jesu Christi (welches gleich als ein gemein regel aller Christen ist) durch jre selbst erdichte menschensatzungen vnd Re geln/ die wider das Euangelion sind/ Matthei 15. Sie stellen die offent liche bekantnuß des heiligen Christ lichen glaubens jn einen vergeß/

K iiij Nemlich

Nemlich diesen Artickel: Ich glaub ein Christliche kirch/gemeinschafft der heiligen/denn jre sonderliche Brüderschafften sind darwider. Sie trennen sich ab von der gemeinen Brüderschafft aller Christglaubigen menschen / vnd nemen jnen für eigene werck / form vnd weiß selig zu werden/wider die klar lehr Pauli /1. Cor. 1. Ich ermane euch/ liebe Brüder / durch den Namen vnsers HERREN Jesu Christi/daß ihr alzumal einerley gesinnet seid / vnd lasset nicht zwitracht vnder euch sein: Sonder daß ihr volkommen seid in einē sin/vnd in einerley meinung. Denn mir ist vorkommen daß zanck vnder euch sey. Ich sage aber dauon daß einer vnd euch sagt/ ich bin Paulisch/ der ander ich bin Apollisch/ der drit ich bin Cephisch / der vird ich bin Christisch. Wie: Ist Christus nun in stuck geteilet? Ist dan Paulus für euch gecreutziget? od sind ihr in Paulus Namē getaufft? Sihe da/ wie wöllen sich hie verantworten bey diesem spruch die ordens
brüder

Brüder vnd schwestern? Villeicht werden sie sagen: Ja wir nennen vns nicht Paulisch/Apollisch/ Cephisch: Sonder Augustinisch/Francischisch/Benedictisch/ ꝛc. Darumb geht vns dieser spruch Pauli nicht an. Darauff gebe ich jnen gleiche Antwort mit Paulo/ vnd sage: daß sie gleich als wenig in Sanct Augustinus oder Benedictus namen getaufft sind/ Als wenig auch die Corinther in Paulus namen getaufft waren. Augustinus oder Franciscus sind auch gleich als wenig für sie gecreutziget/ als Paulus für die Corinther. Darumb mögen sie sich mit keiner entschuldigung/ solcher sonderlicher Patronen Christlich rümen. Wo sie es aber frefflich mit wissen thun/ vñ sich offentlich wider die warheit des heiligen Euangelij stellen: so verlaugnen sie den gecreutzigten Jesum Christum/ in des namen sie getaufft sind/ vnd sein heilige gemeine Christliche Kirch. Werden also mit der ersten tauffgelöbte verachtung/vnd zu letz mit der offenlichen

K v verlaug-

verlaugnung Christi / sampt seiner algemeinen Kirchen / herliche / geistliche
Gotsbößwicht / Trewloß an Gott dem
Vater vñ seinem Sohn Jesu Christo /
deß sich doch allein alle Christen rümen mögen vnd sollen. Denn er allein
für vns gecreutziget ist / so sind wir
auch allein in seinem Namen getaufft /
der ein Göttlichs wesen hat mit dem
Vater vnd heiligen Geist / ist auch
sonst kein Nam vnder dem Himmel
darin wir selig werden / denn in dem
Namen Jesu Christi / Act. 4. Was
bedarffs denn solchs prechtigen rü-
mens von Sanct Augustino / Domi-
nico / Benedicto / ꝛc. welche die ordens leuth / mit sonderlichen Regeln /
Statuten vnd heilig scheinendem leben
fürgeben? So wir doch allein durch
Christum vñ sein geglaubtes Euangelium selig werden. Ja was sind alle
orden vnd sonderliche erwelte Brüderschafften nutz? Furwar nichts / Ein
pful sind sie alles vbels. Denn Gott
vnd sein wort werden durch sie veracht
vnd

vnd vndergetruckt. Da sihet man nun was Brůderschafften vnd Münchs orden stifften für ein guts werck ist / welches freylich keinen frommen Christen gelustē wird / d Euangelischer warheit bericht ist. Er wird sich auch hüten daß er seine kinder vnd andere Befreunte in solchen wüsten kloster grewell nit stecke: Vnd wo sie darin stecken/ wird er jnen mit allem vleiß herauß helffen/ vnd kein zeitlich gut noch hab ansehen/auff daß die armen seelen erret werden/ die sonst in solchen Teufelspfulen jemerlich verderben müssen. Es ist nit zu sagen noch zu schreiben was grossen grewels in den klöstern vñ kutten steckt. Gott wöl sichs erbarmen/vñ bessern. Daß aber also viel hoch gelerten Doctores vnd dapffere leuth (nach der weldt ansehens) darinnen stecken,die sich auch in keinē weg wöllē vberreden lassen (deñ jre grosse kunst vnd dapfferkeit mag es nicht leiden) daß sie herausser komen/ vñ ein gemein
Christ

Christlichs leben an sich nemen: das sol keinen frommen Christen bewegen/ daß er darumb die Clöster/die Teuffels mordgruben sampt jrem wesen/für gut vnd recht achten wölle. Nein/ nein/grosse kunst/weißheit vnd dapfferkeit dieser welt/thut nichts zu den sachen/daß vmb jrent willen etwas gut vnd recht für Gott sey: Sonder allein vmb des einfeltigen vnd warhafftigen glaubens willen des wort Gottes/welcher durch die liebe dem nechsten dienet/ werden alle ding recht vñ gut für Gott. On diesen glauben ist alle kunst/weißheit vnd dapfferkeit aller meister vnd Doctorn/sampt jrem wesen/sünde vnd vermaledeit vnd verdampt. Denn der spruch Pauli stehet fest/Rom. 14. Alles was ausserthalben dem glauben ist/ das ist sünde. So sagt der HERR Esa.29. Vnd wird angezogen vom heiligen Paulo/1. Cor.1. Ich wil vmbringen die weißheit der weisen (das ist/ ich wil der hohen Phariseischen Docter kunst vnd weißheit/zu einer thorheit machen)

machen) vnd den verstand der verstendigen wil ich verwerffen (das ist/ jre kunst vnd weißheit muß sie nichts helffen) Wo sind die weisen? Wo sind die schrifftgelerten? Wo sind die erforscher dieser welt/ die den weg zum himmel lernen/ auß des Aristotelis philosophi. Hat nit Gott die weißheit dieser welt zur thorheit gemacht? Denn dieweil die welt durch jre weißheit/ Gott in seiner weißheit nit erkent: gefil es Got wol/ durch thorechte Predig selig zu machẽ/ die daran glauben. Die thorecht predig durch welche die glaubigen selig werden/ ist das heilig Euangelion/ welches Paulus/ gleich daruor/ ein wort vom Creutz heißt. Das nennet er nun ein thorechte Predig/ nit daß es an jm selbst ein narheit oder thorheit sey/ deñ es ist ein krafft Gottes zu der seligkeit aller glaubigen/ Rom. 1. Vnd auch gleich hie vorn/ 1. Cor. 1. Sonder darumb nennet er es ein thorecht Predig/ daß es die hohen weltkünstler/ weisen vnd dapffere Helden verachten vnd für ein

ein Narrheit halten/zu jrer ewiger ver=
damnuß. Von dieser hohen menschen
zaal/sind auch die kunstreichen dapffe
re Doctores vnd ketzermeister/ die wi=
der die leht Christi vnd der heiligen Apo
steln/ in den klöstern vnd kutten stecken/
besondere secten vnd Rotten machen
neben den anderē gemeinē Christen/ ꝛc.
Verachten das heilig Euangelion
offentlich mit der that/ vnd halten es
für ein narrheit mit jren eigenen orden/
Regelen vnd statuten/ welche bey jnen
mehr gelten/ denn alles was Christus
vnd die Aposteln gelert haben. Das
können sie nicht leugnen/ Es ligt am
tag/ wöllen dennoch vnder allen an=
dern menschen/die redtlichsten/ fromb
sten vnd geistlichsten gesehen sein. Aber
des HERREN wort steht steiff/ die=
weil sie das heilig Euangelion verach=
ten/ ob sie schon die weld für sehr gelert/
weise/ fromme vnd dapffere leuth helt:
So sind sie doch für Gott nichts an=
derst/ denn elende gleißner/ vnwissend/
blind vnd grosse Narren/ vast änlich
den

den hochgelerten vnd weisen / von welchen der heilig Paulus / Rom. 1. schreibt / Also: Die weil sie erkantten daß ein Gott ist/vn̄ haben jn nicht gepreiset als ein Gott/noch gedācket/sonder sind in jrē dichten eytell worden/ vn̄ ihr vnuerstendigs hertz ist verfinstert: da sie sich für weiß hielten/ sind sie zu narren worden. Dergleichen geschicht den hohen Doctorn vn̄ ordensleuten / Sie erken̄en Gott auch in d' geschrifft / sie lesen vnd singen nacht vn̄ tag von jm/ Sie Predigen von jn̄ / vn̄ lehren dz volck: Aber sie ehren jn nicht als ein Gott / den̄ sie glauben dem Euangelio Jesu Christi nit von hertzen / daß er ein volkom̄ener seligmacher sey / der vns durch seinen tod den himmel erworben / vnd auß lauter gnaden selig mache / sonst wurden sie jm kein stützen machen mit jren erdichten guten wercken vnd verdiensten. Sie werden eitell in jrem dichten / jre erdichten orden / Regeln vnd Statuten sind nichts wert / dieweil man Gott vergeblich dienet / mit

menschen

menschen satzungen / vnd alle pflantzung die d himlisch Vater nit gepflantzet hat / auß gereut sol werden. Matt. 15. Sie werden in jrē hohem verstandt / vernunfft / kunst / vnd weißheit dieser welt gantz zu narren für Gott / 1. Cor. 3. Darumb sol es keinen frommen Christē bewegen / so er schon solche hochgelerten Doctores / vnd weise Gotsnarren sihet in den klöstern vnd kutten stecken / daß er vmb jres grossen ansehens wille / das Münchisch wesen gut acht. Wan ein standt darumb gut solt sein / daß er kluge / weise vnd gelerte Personen bey jm hat: So were der hellisch standt der verdampten auch gut (dafür vns Gott behüt) Deñ die verdampten haben den Teufel bey jnen / der ist ja wol als kluge / weiß / vnd gelert / als alle Doctores auff einem hauffen in der gantzen welt. Dieweil er aber Gottes feind ist / muß er in der Hellen verdampt sein / vnd ist aber darumb / der verdampten stant nit gut / daß sie ein klugen weisen / vnd gelerten Teufel bey jnen haben: Also auch

ist

iſt der Münchiſch kloſterſtandt da‑
rumb nit gut vnd Chriſtlich/daß er viel
hochgelerten Doctores bey jm hat / die
verſtockt/halſtärrig/ vñ feind des hei‑
ligen Euangelij Jeſu Chriſti ſind / Ja
er iſt darumb deſto böſer / daß er mit
ſolchen leutten beſetzt iſt / die klug vnd
weiß in der Boßheit ſind / von denen
Hiere. 4. Sie ſind klug vnd weiß böß
zu thun: aber guts zu thun/wiſſen ſie
nit/⁊c. Alſo viel jetzunden von den vn‑
chriſtlichē bruderſchafftē vñ Münchs
orden/ die vnder einen guten ſchein im
grundt nichts werdt ſind. Es halt ſie
für gut wer da wil / ſo mögen ſie neben
dem heiligen Euangelio nicht beſtehn.

Seelveſper/ vigilien/ Meß ſingen
vnd leſen / oder auch andere geſtifften
werck thun für die todten vñ abgeſtor‑
bene Chriſten / im namen jnen zu helf‑
fen auß groſſer quall/ pein vnd marter/
die ſie leiden ſollen im fegfewer/ iſt kein
gut werck: Sonder ein Antichriſtiſch
ſchmechwerck/ mit welchem das heilig
Euāgelion Jeſu Chriſti lugē geſtrafft/
L   dar zu

darzu sein leiden vnd sterben verspot/ geschmecht vnd gelestert wird. Daß zum ersten das heilig Euāgelion durch solche Antichristische werck lügenge=strafft werde/ haben wir klärlich auß dē Euangelio Joh. 5. Da der HERR also sagt: Warlich warlich sage ich euch/ wer meine wort höret/ vñ glaubt dem d mich gesand hat/der hat das ewig lebē/ vnd kompt nicht in das gericht/ sonder er ist vom tod zum leben hindurch ge=drungen. Das sind so helle/ klare wort/ daß sie auch für den groben vnuersten=digen kaum klärlicher geredt möchten werden. Vnd ist wol zuuerwundern wie doch die hochgelerten ein segfeuwer (dariñ die glaubigen seelen nach dieser zeit gemarttert vnd gepeiniget werden) darneben haben können ersehen. Was möcht doch klärlicher geredt werden/ deñ da Christus sagt/ Wer meine wort höret/ vnd glaubt/ der hat das ewig le=ben. Er hats schon gewiß vnd on alle hindernuß/ man darffs jm nit allererst erlangen mit Vigilien/ Messen/ oder anderen wercken. Er ist schon vom tod

zum lebē hindurch getrungē vñ kompt
nit in das gericht. Sihe da abermals/
kompt er nicht in das gericht? So wird
er auch nicht geurtheilt? Wird er nicht
geurtheilt? So wird er auch kein zorn
tragē/noch keine straffe/pein oder mar-
ter leiden. Die wort Christi sind gantz
schlecht vnd gerecht/geb was alle menschen liegen/die jnen zum Behůlff jres
jrthumbs/die heilige geschrifft an viel
orten nötigen vñ zwingē von jrē rechtē
natürlichē verstand: Darzu auch viel er
tichter nerrischer Exempel/Vision/vñ
Teuffelischer Betrügkligkeit sich vnuer
schampt gebrauchē zu schendtlicher ver
fürung ð Christglaubigē menschē. Ein
gleichen spruch habē wir Joh. 6. Warlich warlich ich sage euch/werdet jhr
nicht essen vom fleisch des menschen
Sohns/vñ trinckē võ seinē Blut/dz ist/
werdet jhr nicht an mich glaubē/zc.So
habt jhr kein lebē in euch(deñ wer nicht
glaubt/der ist verdampt/Matth.16.)
Wer võ meinem fleisch isset/vñ trinckt
von meinem Blut/das ist/wer an mich

L ij glaubt/

glaubt/ der hat das ewig leben/vnd ich
werd jn am Jüngsten tag aufferwe-
cken. Sihe da sagt Christus noch ein
mal/daß alle glaubige menschen haben
schon das ewig leben. Wer kan nun diesen klaren worten widersprechen / oder
anderst reden / denn wie der HERR
selbst redet? Haben die glaubigen das
ewig leben/wer kans jnen denn nemen?
Ja wer wil sie daruon verhinderen? Vñ
für ein weil ins heiß Badt furen in der an
dern welt/ darin sie müssen gefeget vnd
gereiniget werden/ ehe deñ sie zum leben
kommen? Niemants. Es ist wol war
daß nichts vnsaubers vñ Beflecktes zum
leben in das reich Gottes kompt/ Psal.
14. Apoc. 21. Aber alle glaubigen sind
schon geheiliget durch das leiden Chri-
sti/ sie sind gantz sauber gebutzt/ gefegt
vnd gereiniget durch den heiligen Geist
im glauben des worts Gottes/ vnd haben nichts Beflecktes oder vnsaubers an
jnen / das sie vom ingang des ewigen
lebens möge verhindern/ Ephe. 5. Christus hat sich selbst für die gemein gebē/

auff

auff daß er sie heiliget/ vnd hat sie ge‑
reiniget durch das wasserbad im wort/
auff daß er jm darstellet ein heilige ge‑
mein/ die nit hab ein flecken oder run‑
tzel/ oder des etwas: Sonder daß sie
sey heilig vnd vnsträfflich. Merck mit
fleiß auff S. Paulus wort/ Er spricht
deutlich: Christus hat seine gemein ge‑
reiniget/ rc. Er hat sie schon gereini‑
get/ vnd wil jrs nit allererst sparen zum
segfeuwer/ in der andern welt/ Er hats
auch gethan im glauben des worts/ vñ
wil es nit allererst außrichtē mit feuwer/
wasser/ hitz/ kelt vnd was des erdichten
dings in den segfeuwrischen Exempln
gelesen wird. Also haben wir auch/
Heb. 1. Der Sohn Gottes hat gemacht
die reinigung d' sünden durch sich selbst.
Sihe da abermals/ Er hats gethan/ vñ
nicht vff ein ander zeit zu thun gespart/
Auch durch sich selbst/ wil es nicht auß‑
richten mit dem segfeuwer vñ durch der
pfaffen Vigiliē vñ Messen. Widerumb/
Act. 15. sagt der heilig Apostel Petrus:
Gott reiniget die hertzen durch den glau
L iij ben/

ben/nicht durchs fegfeuwer in d' ander
welt. Spꝛichſtu aber/Ey ſind wir doch
ſünder vñ ſündigē noch alle augēblick:
Wie kőnen wir den rein ſein? Antwoꝛt:
Ja es iſt war/ in vns ſelbſt ſind wir ſün
der/ gantz vnrein/befleckt mit aller vngerechtigkeit / vermaledeit vnd ver-
dampt/ wir kőnen auch von vns ſelbſt
nicht beſſer werden / wir thun gleich
was wir wőllen: Aber in Chꝛiſto dem
Sohn Gottes vnſerm HERREN/
vnd im glauben ſeines worts/ ſind wir
gantz heilig/ Rein/ From vnd gerecht:
ſeine heiligkeit/ fromkeit vnd gerechtig-
keit/ ſind durch den glauben vnſer ei-
gen/ die beſchőnen vnd bedecken vns/
daß vnſere ſünde (die noch in vnſerem
fleiſch ſtecken vnd one die wir diß zeitlich leben nicht hin bꝛingen kőnen) kein
anſehens für dem himliſchen Vater ha-
ben/ auch vns nicht zugerechnet werden: Sonder durch Chꝛiſtum gnediglich nachgelaſſen vnd verzihen werden.
Uff dieſe weiß redet der heilig Prophet David/ Pſal. 31. Vnd nach jm

paulus/

Paulus/ Rom. 4. Von allen außerwelten: Wol dem/ dem die vbertrettūg vergeben sind/ dessen sūnd bedeckt ist/ wol dem menschen dem der HERR die missethat nicht zurechnet. Solches widerferet allen waren Christglaubigen menschen/ vmb Christi willen/ ob sie schon sünder sind / will es doch der Vater nicht ansehen: Sonder alle jre sünde zudecken / vnd sie als lieb haben als Christum selbst. Vnd gleich als wenig er Christum in ein fegfeuwer gesetzt hat nach seinem tod: Also wenig setzt er auch die Christglaubigē nach jrem tod in ein fegfeuwer/ darīn sie geplagt vnd gemartert werden/ ꝛc. Dauon hernach folgen wird. Nun ferrers vff die inrede/ daß wir nit rein solten sein/ darumb daß wir sünder sein: Sage ich also: in der nacht da Christus mit seinen Jünger das Abenteſſen gehalten hatte/ vnd jetzundt zū tod wolt gehn: da warē die Jünger auch sünd/ das bewisen sie hernach offentlich/ da sie võ HERren flohē/ vn̄ jn verleugnetē: nit destoweniger

L iiij sage

sagt Christus zu jnen / Johan. 15. Jhr seid jetzundt rein vmb des worts willen das ich zu euch gered hab. Christus nennet sie rein / nit vmb jret willen / denn sie waren sünder / vnd auch nicht heimliche schlechte sünder / sonder offentliche grosse sünder / die fast hart gestrauchlet haben: Er nennet sie aber rein vmb seines worts willen / das sie von jm gehört hatten / welches in nachfolgender zeit nach seiner aufferstehung vnd sendung des heiligen Geists / die reinigkeit durch den glauben würcken würd in jren hertzen. Also ist es auch mit vns / in vns selbst sind wir grosse sünder / könen auch nichts (wan es am aller besten mit vns ist) denn sündigen / gehören des halben dem Teufel zu: Aber durch den glauben des heiligen Euangelij / sind wir rein / heilig / from / vnd außerwelte liebe kinder Gottes durch Christum. Vn gleich wie Christus in seinem sterbē am Creutz one alles mittel seinen Geist dem Vater befolhen hat / darzu auch dem Schecher on alles mittel das Paradeiß verheissen hat:

hat: Also auch komen alle Christglau=
bigen nach jrem tod one alles mittel zu
Christo jrem leben/ wie Paulus begert/
Philip.1. Man bedarff keiner vigilien
oder Seelmessen darzu / Christus hat
die vigilien selbst gehalten im anfang
seines leidens am Olberg vnd in Cay=
phas hauß/ die gantze nacht: Die seel
meß hat er gehalten am Creutz/ da er
sich selbst ein volkommens vnd ewig=
werends opffer vffgeopffert hat seinem
himlischen Vater / damit er ein ewige
erlösung gefunden hat/ allen glaubigen
seelen/ Hebre. 10. Vnd ein gute Presents
verdienet / nit jm selbst/ sonder vns/
nemlich den heiligen Geist mit seinen
gaben/ on welches Geists gegenwertig
keit/ keinem menschen heil oder seligkeit
widerfaren mag. Deñ welche den Geist
Christi nicht haben/ die seind nicht sein/
vnd gehören jn nicht an / Rom.8. Wel
che aber Christum nicht angehören: die
mögen auch nicht seelig werden/ die=
weil niemants vffsteigt gen himmel/
denn der herrab gestigen ist / der Sohn

L v des

des menschen der im himel ist / Joh. 3:
Auch zeyget die heilige geschrifft kein mittel an zwüschen der seeligkeit vnd der verdamnuß. Christus sagt/ Marc. 16. Welcher glaubt/ ꝛc. Der wird selig/ welcher aber nicht glaubt der wird verdampt. Sihe / da ist kein mittel zwischen himel vnd der helle in der andern welt. Der heilig Johan. sagt Johan. 3. Welcher dem Sohn glaubt / der hat das ewig leben: Welcher aber dē Sohn nicht glaubt / der wird das leben nicht sehen / sonđ der zorn Gottes bleibt vber jm. Er ist verdampt on alles mittel. Matt. 7. sagt Christus nit mehr denn von zweyen wegen/ Nemlich/ von einē engen weg/ der gen himel füret: vñ von eim breiten weg / der zu der Hellen füret one alles mittel. Luc. 16. wird der reich man in die Hell begraben / vñ Lazarus wird von den Engeln gefüret in den schoß Abrahe on alles mittel. Rom. 9. Beschreibet Paulus zweyerley gefeß/ nemlich des zorns vnd der Barmhertzigkeit one alles mittel. Die sprüch der heiligen

tigen geschrifft/ so vff das fegfeuwer als ein mittel stadt zwüschen himmel vnd Hellen gezogen werden / dasselbig zube weren / sind allesampt von irem rechten verstand gezwungen vñ genötiget / wel ches ein iglicher wol verstehn wird / so er dieselbige ört sampt dem anhangen den Text / für vnd nachbeschrieben mit fleiß ansihet / ꝛc. Vff daß man aber noch klärlicher sehe / wie das erdicht fegfeuwer dem heiligen Euangelio zu wider sey: Sagt Christus Johan. 6. Wer von meinem fleisch isset / vnd von meinem Blut trincket / das ist / wer in mich glaubt / der bleibt in mir / vñ ich in jm / vñ wird lebē vmb meinet willē / ꝛc.

Jtem / 1. Johan. 4. Welcher Bekeñet das Jesus Gottes Sohn ist / in dē bleibt Gott / vñ er in Gott / ꝛc. Jtem / 2. Cor. 13. Erkennet ihr euch selbst nicht / daß Jesus Christus in euch ist? Es sey denn das ihr verworffen sind. Jtem Gall. 2. Jch lebe doch nit ich / sonder Christus lebt in mir. Auß diesen vnd jres glei chen sprüchen der heiligen geschrifft / er

zwingt

zwingt sich mechtiglich / one alle widerrede / daß die pein des fegfeuwers
nach diesem leben / ein erdicht ding ist.

Rom. 9. Derhalben da Gott wolt
zorn erzeichen vnd kundthun sein vermögen: hat er mit grosser geduldt her-
fürbracht die gefeß des zorns/ die da zu-
gericht sein zur verdamnuß / auff daß
er kunth thet den reichthumb seiner herligkeit / vber die gefeß der Barmhertzigkeit die er bereitet hat zur heiligkeit.

Augustinus ad Hieronymum.

Lieber Bruder / ich halt nicht
daß du deine Bücher woltest
gleich der Apostel vnd Propheten Bücher gehalten haben/ deß
ich außer der heiligen geschrifft
Bücher / die andern alle also le-
se/ daß ich nicht darumb alles
glaub / das sie sagen / sie seyen
wie gelert vnd heilig sie sein mö
gen

gen: Es sey denn daß sie mirs mit der geschrifft/oder mit heller vernunfft beweisen: Eben so wil ich auch leser haben vber meine Bücher wie ich bin vber die andern Bücher/ Dist. 9. c. Noli. Daß man keinen Vättern glauben sol/ sie beweisen es den mit der schrifft. *Idem ego soleo. Quis nesciat:* Daß allein den Biblischen geschrifften/ als denen/ in welchen kein lügen vnd vnwarheit ist / vor aller anderen lehrer vnd Bischoffe schrifften/ wie heilig oder gelert sie gewesen sein/ sol geglaubt werden. Denn die andern lerer alle mögen jrren: die heilig schrifft aber nimmermehr.

Item

Item Dist. 11.c. Consuetudinem, Augustinus/ das ein gewonheit zuloben sey die dem Christlichen glaubē kein abbruch thüe.

Item Leo Papa, c. Hoc nostræ, Das sich keins wegs gezime/ daß es auch nicht vngestrafft bleibe/von der Apostel einsatzungen zu weichen vnd die zuubertretten.

Miſzbreüch der Papiſtiſchen Meß.

Es zweifeln viel/ vn̄ fragē darbey/
Was böß in der pfaffen Meß ſey.
Solichs gibt diß büchlin zu leſen/
Daß ſie für Gotswort nit mäg gneſen.

1. Corinth. 11.

Welcher vnwürdig von deß HER
REN brot iſſet/ vnd von ſeinem kelch
trincket/ der iſzt vnd trinckt jm ſelbs daß
gericht (ob er ſchon die Meß für ander
leut liſet) vn̄ würt ſchuldig an dem leib
vnd blut des HERREN/ darumb
prüff ſich der menſch ſelbs/ ꝛc.

Meßleſen/ auß ſtifftūgforchtgūſtpreſētz
Hat fürwar gantz ein ſtrengen ſententz/
Darüb ſich ſelbs ein Pfaff vor wol bewer/
Daß jm Gotsgericht nit werde zu ſchwer.

Von

Von vnuerstendiger
sprach der Meß.

Der erst Mißbrauch der Papistischen Meß ist / daß sie bey dem gemeinen Christen volck/ in vnuerstendiger sprach / darzu auch heimlich gelesen werden / daß niemants hört/ noch versteth/ was da geredt oder gehandelt wird / wider die lehr des heiligen Pauli/ 1. Cor. 14. Da er sagt: Wan du mit dem Geist benedeyest/ wie sol der/ so an stat des Leyen stet/ Amen sagen / auff deine dancksagung/ Dieweil er nit weiß/ was du sagest? Du sagest wol fein danck/ Aber der ander wird nit dauon gebessert. Ich wil in der gemein lieber fünff wort reden/ durch meinen sin/ das ist/ mit verstandt/ vff daß ich andere vnderweise / denn sonst zehen tausent wort mit der zungen / das ist/ mit vnuerstandt. Nun weiß jederman/ daß die Pfaffen in jren Messen/ mit zungen reden/ daß es niemants vom gemeinen volck verstehet/ was da
geredt

geredt würd. Zu dem verkünden sie deß
HERREN tod nit/ so offt sie Meß-
lesen/ nach dem befelch Pauli/ 1. Cor.
11. So offt jr von diesem Brot esset/ ꝛc.
solt jr des HERREN tod verkündi-
gen/ biß daß er kompt. Also mißhand-
len die Pfaffen/ zweifaltiger weiß mit
jren Messen. Zum ersten/ daß sie das
Christen volck blenden/ vnd gleich zu
narren machen/ mit vnuerstendiger
sprach. Zum andern/daß sie das volck
beraubent der speiß des worts Gottes/
durch welches worts glauben/ vnd nit
durch ansehen des Sacraments/ das
ewig leben von Gott verheissen ist. Wie
kan man aber glauben einem wort/
das weder gehört noch verstandē wird?
Rom. 10. Darumb ist es fürwar ein Rom. 10.
blinder handel/ mit der Papistischen Quomodo
Meß/ dz volck wird damit verderblich credent de
in der finsternuß gefürt/ denn das liecht quo non au
wird vnder das Sümern verborgen: dierent.
wer aber in der finsternuß wandelt/ der ꝛc.
wandelt vngewiß/ vñ kan sich vor dem
fall nit wol hüten. Darumb vns auch
M Christus

Matth.15. Christus Matth. 15. Getrewlich warnet vor den blinden fürern / auff daß wir jnen nit nachfolgen / vnd mit jnen in die gruben fallen.

Von opfferung brots
vnd weins in der Meß.

DEr ander mißbrauch ist / daß in der Meß pur brot vnd wein fürgestelt / vnd geopffert werden für das heil der gantzen Christenheit / wie d klein vnd groß Canon in der Meß selbs offentlich bezeugen. Welches aber ein warhafftige Abgötterei / vnd Teifflische Gotslesterung ist / da durch eine pure Creatur / der seelen heil gesucht wird / welches doch Gott allein geben kan / Esaie 33. 43. Vnd Christus war er Gott vnd mensch vmb dasselbig heil zu erlangen / sich selbs hat müssen opffern / sein vnschuldigen leib in den tod geben / vnd sein blut vergossen. Sihe da was möcht doch für grösser Abgötterei getribē werden / denn daß man pur brot vñ wein / für ein Gott haltet: Heist das nicht auf
heidnische

Heidnische weiß Cererem vnd Bachum verehret? Was möcht auch dem leiden vnd sterben Christi/ schmächlicher vnd lesterlicher sein/denn daß man Brot vñ wein opffert/für der seelen heil/vmb welches heils willen/Christus sich selbs einmal geopffert/am creutz gestorbē/vñ sein Blut vergossen hat? Geltē Brot vñ wein als vil/ als Christus sampt seinē leiden vñ sterben? pfuch d' Gotsleste= rūg. Wie kan doch ein fromer Christen mensch mit gutē gewissen darbei Bleibē?

Wöllen aber die Pfaffen solcher abgötterey vñ Gotslesterung in irer Meß/ nit gestehn: So lege man inen ire eigne meßbücher für / vnd Besehe den kleinen vnd grossen Canon fornen her / Biß vff die wort des Nachtmals Christi/so wird der Gottslesterlich handel so klar für augen sein / daß in alle Pfaffen vff erden nit leugnen können/ mögen sich auch mit keiner gloß Behelffen. Denn da wird offentlich mit grossen Breiten Creutzen/ auff Brot vnd wein gedeutet/ welche auch mit den hendē vfgehabē vñ

Gal.1.Dedit scipsum pro peccatis nostris, ut eriperet nos ex hoc seculo malo. &c.
Ephes.5. Exposuit semetipsū pro ecclesia ut illam sanctificaret, mundatam lauacro aquæ per uerbū. &c.
Tit.2. Dedit semet pro nobis ut redimeret nos ab omni iniquitate, ets

M ij geopffert

geopffert werden / für die gemein Christ
lich Kirch / für der seelen heil / für den
frieden / vnd vmb die erlösung der seelen
von der ewigen verdamnuß / Ehe denn
die wort des Nachtmals Christi darzu
komen / von denen sie glauben / daß dardurch Brot vnd wein verwandelt werden / in den natürlichen leib vnd Blut
Christi / vnd jre eigen substantz verlie-
ren. Es wil sich mit keiner glossen lassen verglimpffen / denn es ist ye gewiß /
daß / nach dem die Pfaffen / das pur
Brot vnd wein geopffert haben: so
bitten sie denn jm grossen Canon / wie
sie vorhin auch im kleinen Canon gebetten haben / daß es allererst der leib vnd
Blut Christi werden sol / in dem gebet
das also anfahet / Quam oblationem tu Deus
in omnibus benedictam. &c.

Hiemit sicht der Priester vff / vnd
spricht weiter. Welches opffer / O Got
wir bitten dich / wöllest machen gebe-
nedeyt ✠ Zugeschrieben / ✠ Fest / ver-
nünfftig vnd angenem / daß vns werde / der leib vñ das Blut / deines geliebten
Sohns

Sohns vnseres HERREN Jesu Christi/ ꝛc.

Von der opfferung Christi in der Meß.

Er drit mißbrauch in der Meß ist/ daß mā sich da vndersthet/ nach der Abgöttischen opfferung des puren brots vnd weins/ auch Christum selbs zu opfferen / durch die hend eines armen elenden sünders : Ja eines verstockten offentlichen Hurers/ der sol da ein mittler sein/ zwischen Gott vnd dem menschē/ welches doch Christo allein zustehet / 1. Timoth. 2. Vnd sol Christum den Sohn Gottes/ alle tag opffern/ für die sünd der lebendigen vñ todten/ wider daß hell vnd klar wort Gottes/ Hebre. 9. Wan Christus het sollen offtmals geopffert werdē/ so hette er offt müssen leiden/ von anfang der welt her: Nun aber am end der welt/ ist er einmal erschienen durch sein eigen opffer/ die sünde vfzuheben/ ꝛc. Rō. 6. Christus von todten erweckt/ stirbt hin

Pfuch des Mitlers.

M iij furnit/

furt nit / der tod wird nit mehr vber jn herschen. Aber opffern (von Christo geredt) heist tödten / wie oben / Heb. 9. angezeigt. Darumb wo Christus sol geopffert werden / da muß er getödtet wer-

Crucifige den / leiden vnd sterben / vnd mögen
Crucifige sich die Pfaffen in diesem fall / wan sie Christum in der Meß wöllen opffern / henckers ampt nit endtschuldigen / souil an jnen ist. Daß sacrificium laudis (dauon der Canon auch sagt) kan jnen den handel nit glosieren / denn es ist ein an-

Hebre. 13. der ding / Danckopffer opffern / vnd
Psal. 49. Christum opffern. Sie mögen sich auch nit außreden / mit der memoria sacrificij / das ist / mit der gedechtnus / des ein mal gethanen opffers Christi. Denn die wort des Canon sein zu gantz klar / von dem opffer Christi / daß ja Christus / da warhafftig geopffert werde / so offt vñ dick als man Meß list. Daß kan je nit allein ein memoria sein / darumb gilt die außred nichts / vnd ist ein nebel die sach zuuerblümen. Daß aber die Pfaffen vnrecht handlen / daß sie sich vnderstehen

Christum

Christum in jren Messen offtmals zú opffern/ für die sünd der lebendigen vñ todten: soliches wird klar auß der Epistel Hebre. 9. Christus ist durch sein eigē Blut/ einmal in das Heilig eingangen/ vnd hat ein ewige erlösung funden. Sihe da/ hat Christus selbs durch sein eigen opffer/ ein ewige erlösung funden: was treiben denn die Pfaffen? Entweders die heilige schrifft leügt/ oder aber die Pfaffen liegen/ mit jrer Meß. Den knopff werden sie nicht auffbeissen/ deñ er wird noch herter zugestrickt/ in den nachfolgenden sprüchen. Widerumb/ Hebre. 9. Christus ist einmal erschienen/ durch sein eigen opffer (nit durch der Pfaffen Meßopffer) die sünd vffzuheben. Darumb die Pfaffen vnbillich gelt für jr Meßopffer nemen/ als solte die sünde allererst durch sie vffgehaben werden. Item Christus ist ein mal geopffert hinweg zunemen viler sünde. Widerumb Hebre. 10. Wir seind geheiligt auff einmal/ durch das opffer des leibs Christi. Folget hernach

Hebre. 9.

Hebre. 10.

M iiij nach

nach: da Christus hat ein opffer für die sünd geopffert/ das ewig gilt/ ist er gesessen zu der gerechten Gottes/ denn mit einem opffer hat er in ewigkeit vollendet die geheiligten. Sihe da abermals / hat Christus selbs ein solichs opffer gethon/ das da ewig gilt: so muß von notwegen der Pfaffen opffer falsch/ vnd fantasten werck sein: Gilt daß erst opffer Christi noch? Waß bedarff man deñ der Pfaffen Meßopffer/ wan es schon auch gut vnd recht were/ ja möglich / daß sie Christum noch mehr opffern könten. Folget hernach Hebre. 10. Wo vergebung der sünden ist/ da ist kein opffer mehr für die sünde/ Nun ist aber vergebung der sünden schon da/ bey allen Christglaubigen/ wie das Euangelion an viel orten klar anzeigt/ darumb bedurffen sie keines opffers mehr für die sünde/ die sünd sein schon dahin/ durch das einig opffer Christi/ vnd jren glauben. Der leib Christi ist in den tod gegeben vnd sein blut ist vergossen zur verzeihung der sünden/

den / wie Hieremie 31. Hebre. 8. Darumb welcher mensch kein gnügen hat / an dem einmal gethanen opffer / das da ewig gilt / vnd das Christus selbs außgericht / damit er ein ewige erlösung funden hat / sonder wil noch mehr opfferen: der verleugnet frey offentlich die verzeihung der sünden / durch das einig opffer Christi (auff einmal gnugsam vnd volkomlich geschehen) erlangt. Sihe zu / was möcht doch grewlichers / vnd verzweifelters bey den Christen gehandelt werden / denn daß man das heilig leiden vnd sterben Christi also krafftloß helt / vnd allererst verzeihung der sünden durch andere newe opffer erlangen wil? Heist das nit Christum sampt seinem leiden vnd sterben schmehen vnd lestern? Heist das nit den heiligen Geist liegen straffen? Vnd die gschrifft / ja den heiligen Christlichen glauben verleügnen? Ist das ein vergeblichs wort / vñ ein nichtigkeit / daß die schrifft sagt / Christus habe durch sein selbs eigens opffer / ein ewige erlösung funden / vnd

M v daß

daß es auch ewig gelte? Was heist/
durch sein selbs einigs opffer? Was
heist ein einige erlösung? Was haist
das ewig gilt? Entweders die pfaffen verstehen die wort gar nit/oder aber
treibē frefel vn̄ mutwillē mit jrer Meß/
daß sie sich ohne allen Göttlichen be-
felch/ ja wider die helle geschrifft/ vnderstehen Christum widerumb noch
offt vnd dick/ alle tag zuopffern vn̄ die
seelen durch jr opffer zuerlösen/das doch
Christus selbs/ durch sein einigs opffer/
vff ein mal geschehen/ volkomenlich
außgericht hat/ für alle glaubige menschen biß zum end der welt: vnd bedarff
keins opffers mehr. Warum̄ wolt sonst
die geschrifft sagen (durch sein selbs opffer / durch sein einigs vffeinmal gethā
opffer/ das ewig gilt/ eine ewige erlösung) Es seind je klare wort (eigen
opffer / ewig / einmal / ewig) sie
lassen sich mit menschen worten nit glo-
sieren/ Gebe was alle Vätter hie zu sa-
gen/die da from vn̄ gelert gewesen/seind
aber doch menschen gewesen/ vn̄ haben
mögen

mögen jrren/wie der heilig Augustinus von jm selbs bekennet/in der vorred des dritten Buchs von der heiligen dreyfaltigkeit/vñ in geistlichen rechten/ Dist. 9. c. noli meis. Der gleichen bekennet er in einer schrifft zum Vincentio Victore/vnd in geistlichen rechten Dist. 9. c. negare non possum/ Darumb vff keine menschliche gloß zuuertrawen ist/ohn das hell vnd klar wort Gottes.

Die Pfaffen wöllen die sach mit einer solchẽ glossen verglimpffen / vñ sagẽ: die Meß sey kein ander new opffer/sonder ebẽ dasselbig einig opffer/das Christus vff einmal für sich selbs außgericht habe: vnd aber den Aposteln vnd Priestern / mit diesem Sacrament in ewiger gedechtnuß/solches also außzurichten vnd zu opffern befolhen habe / da er sagt : So offt jr solches thüt / solt jr mein darbey gedencken. Antwort: man besehe das Nachtmal Christi mit seinen Jüngern gehalten vñ beschriebẽ/ von den dreyen Euangelisten Matheo/Marco/Luca/ vnd dem heiligen
Paul,/

Paulo/da findet man klar/daß Christus im Nachtmal/nit geopffert/sonder gespeiset vnd getrenckt hat/vnd die Apostel geheissen essen vnd trincken von seinem brot vnd kelch/vnd jnen Befolhen/so offt sie solches thun/sollen sie sein darbey gedencken. Nun essen vnd trincken/heist nit opffern/Edere, Bibere/vnd Sacrificare/seind nit ein ding. Item (gedencken) heiſt auch nit opffern/memoriam agere/vnd Sacrificare/ seind auch nit ein ding/wie die schuler in der schulen wyssen. Es wil sich niergents zu samē reümen. Aber am Creutz/ da hat Christus sich selbs geopffert. Am selbigen ort liest man aber nit/daß er seinen Jüngern befolhen hab/daß sie jn widerumb Creutzigen sollen/vnd so offt sie solches thun/daß sie sein darbey gedencken sollen.

Das Nachtmal vnd das opffer Christi/sein nicht ein ding/vnd ein werck/ seind auch nicht an einem ort/vnd zu einer zeit geschehen. Darumb muß man sie nit mit menschen fabeln/vermischē/ vnd

vnd zůsamen werffen/ als seyen sie ein
ding oder ein werck: Sonder man muß
sie recht vnderscheiden nach anzeigung
deß heiligen Euangelij. Das Nachtmal ist gehalten worden in der stat Je-
rusalem/ vnd vff den Grünen Don-
nerstag zů Abent/ am Tisch/ da hat
Christus mit seinen Jüngern gessen
vnd getruncken/ vnd seine gedechtnus
eingesetzt ewiglich zů halten/ so offt
von seinem Brot vnd kelch gessen vnd
getruncken wird. Aber das opffer ist ge-
schehen/ ausserthalben der Stat Jeru-
salem/ am ort Caluaria/ vnd vff den
Karfreitag/ am Creutz/ da hat Christus mit seinen Jüngern (die schon von
jm flüchtig waren) nit gessen noch ge-
truncken/ sonder hat da den bittern tod/
für die Jünger/ vnd für vns alle gelit-
ten/ vff ein mal/ zů Bezalung der sünden aller glaubigen biß zum ende der
welt/ vnd hat dazůmal nit gestifftet/
daß man jn nachmals widerumb
opffern sol/ zů seiner gedechtnuß/ den̄
er ist nun zů einem vnsterblichen leben
vffer-

vfferstanden vnd kan nit mehr getödtet werdē/ Rō. 6. darumē kan er auch nit geopffert werden: Aber sein Brot vn̄ kelch können alle zeit wol zur gedechtnus seins leides vn̄ sterbens gessen vn̄ getruncken werden. Daß heist aber nit opffern/ vn̄ ist auch kein opffer,in ð warheit. Daß es aber die Vätter ein opffer nennen/ das müst allein (Quid nominis) sein/ das ist/ des namēs vn̄ ð gedechtnuß halbē/ daß darin̄ die gedechtnus des tods Christi vn̄ opffers gehaltē wird/ vn̄ nit dz Christus da warhafftig geopffert werde/ welches offētlich wid die geschrifft ist/ auch wid den heiligen Christlichē glauben/ den̄ Christus ist aufferstanden võ den todtē/ eingangē in seine herrligkeit/ nun fürter vnleidlich vnd vnsterblich. Dieser glaub mag das opffern nit leiden. In summa/ es ist weder den Aposteln/ noch den andern Christen befolhen/ daß sie Christum opffern sollen/ den das ampt vnd werck ist allein Christi des Sohns Gottes/ daß er sich selbs opffere für die sünde/ Matth. 20. Niemants kan sonst solches opffer thun/

Sacrificiū quid nominis.

Luce 24.

alle menschen seind zu gering darzu/ denn sie seind alle sünder / Christus ist allein gerecht/ darumb must er solches Rom. 3. opffer auch allein außrichten/ daß ewig gnug were / vnd nit mehr noth zu opffern/ für die sünd der glaubigen/ Joan. 1. Nim war/ das ist das Lamb Gottes/ das da hinweck nimpt der welt sünde. Die Pfaffen können es nit thun/ darum solten sie auch nit so groß gelt vnd gut darfür genomē haben/ oď noch heut bey tag nemen/ deñ sie mögē es mit keinē guten gewissen thun. Es ist aber den Aposteln/ vñ allen Christen befolhen/ daß sie sich selbs auch opffern sollen/ Matt. 6. Marci. 8. Luc. 9. Spricht Christus: Wil mir yemants nachfolgē/ ď verleugne sich selbs/ vnd neme sein Creutz auff sich teglich/ vñ folge mir nach. Itē Rō. 12. Ich erman euch liebē brüder / durch die Barmhertzigkeit Gottes/ daß jr ewere leib begebet zum opffer/ daß da lebendig/ heilig vñ Gott wolgefellig ist. Itē 1. Petr. 2. Bawet euch (euch selbs) zum geistlichē hauß vñ zū heiligen Priesterthumb

thumb / zu opffern geiſtliche opffer (nit Chriſtum ſonder euch ſelbs / wie Rom. 12.) die Gott angenem ſeind/ durch Jeſum Chriſtum. Deñ ſollen vnſere opfer angenem ſein durch Jeſum Chriſtum: So müſſen je võ not wegẽ/ die opffer etwas anders ſein/ denn Jeſus Chriſtus/ Es würde ſich je ſonſt nit wol reümen/daß man Chriſtum durch Chriſtum / vnd jn durch ſich ſelbs ſolte opffern.

Iſt nun den Pfaffen alſo wol mit opffern / ſo greiffen ſie es da an/ wie ſie das Euangelion lehret/vnd opffern ſich ſelbs/ wie auch Chriſtus ſich ſelbs geopffert hat. Denn Chriſtum können ſie nit opffern/ das bleibt als ſted vnd feſt/ als feſt daß wort Gottes in ewigkeit bleibt. Chriſtus iſt ein mal geſtorben/er wird nit mehr ſterben/geb was die Pfaffen opffern/ Es kan nichts anders ſein/ denn ein erdichter ſchein/damit das gemein volck betrogen wird.

Befindet ſich alſo / bey dem erſten opffer des Brots vnd weins / darnach
auch

auch bey dem opffer Christi da man
sich vndersteht Christum zu opffern/
daß die Papistische Meß/ ein abgöti=
scher/vnchristlicher mißbrauch ist/wi
der Gott/ vnd sein heiligs wort/wider
Christum vnd sein einigs volkomens
leiden vnd sterben / vnd nachfolgents
wider den heiligen Christlichen glau=
ben. Darumb kein fromer Christ/ mit
gutem gewissen darbey sein / noch plei=
ben mag.

Vom offheben des Sacraments.

Er vierd mißbrauch ist / daß
man deß volcks glauben vff das
gesicht des Sacramentlichen zei
chens richtet / so es vffgehaben wird
ober den kopff vnd gezeigt: vnd aber
die wort Christi/ so zum warhafftigen
Sacrament gehören / an denen allein
der glaub hafftet / vor dem gemeinen
volck verschwiegen/ oder aber heimlich
gehalten werdē/ so doch Christus wort

N vnd

vnd zeichen mit einander gegen seinen
Jüngern gebraucht hat. Er hat Brot
vnd wein nit allein gezeigt/ vnd dasselb
big darnach bey jm behalten/ selbs ges=
sen vnd getruncken von seiner Jünger
wegen/ wie es vnsere Meßleser dē volck
allein zeigen/ vñ darnach auch selbs al=
lein essen vnd trincken für die andern:Er
hat auch nit gesagt/ jr meine Jünger/
sehet an/ daß ist mein leib/ vñ sehet an/
daß ist mein Blut: Sonder hat es außge
teilt zu essen vñ zu trincken/ also sprechē
de: Nement hin/ nement hin/ esset/ vñ
trincket alle/ vñ gedenckt mein darbey.
Also solt in dem Exempel Christi auch
von vns gehandelt werden mit diesem
heiligen Sacrament/ wo man anderst
Christlich handlen wolt. Man solt es
nit allein zeigen/ sonder auch allwegen
etlichen Christē mittheilen/ vñ die wort
Christi nit heimlich vber das brot vnd
den kelch hauchen(wie sie auch Christ⁹
nit darüber gehaucht hat)sonð offent=
lich außprechē/ welche deñ allein der see
len speiß sein/ durch den glaubē. Ferners
sagt

ſagt der heilig Paulus Rom. 10. Der glaub kompt auß dem gehör des worts Gottes/ vn̄ ſagt nicht/ der glaub kompt auß dem geſicht. Darumb ſo das zeichē allein gezeigt/ vn̄ daß wort zum zeichen gehörig/ für dem volck verſchwiegē vn̄ verborgen wird/ ſo iſt es ein vnchriſtli‍cher mißbrauch/ den̄ die ſeel wird jrer ſpeiß beraubt/ welche jre narung vn̄ lebē hat allein im glaubē des worts Gottes/ Matth. 4. vn̄ nit im geſicht des Sacramēts. Auch iſt es wid' die Art vn̄ natur des glaubēs/ ſo er vff das geſicht d' eüſſerlichē dingen gerichtet wird. Den̄ der glaub/ iſt ein ge‍wiſſe zuuerſicht/ des das zuhoffē iſt/ vn̄ Hebre. 11. richtet ſich nach denen dingē/ die da mit ſcheinen/ das iſt/ der glaub thut auß den augen/ vnd ſynnen/ alles was in der gantzen welt ſcheinet/ vnd richtet ſich allein nach dē bloſen wort Gottes: aber in d' papiſtiſchē Meß wird das wort vor dē volck verſchweigē/ vn̄ die bloſen zeichē für augen geſtellet/ ober den kopff gezeigt/ daran die menſchē gewiſen wer‍den zu glaubē. vn̄ wird alſo d' glaub/ võ

N ij ſeinem

seinem rechten grundt/ des worts Gottes (daruff er allein bestehet) vmbge-
sturtzt/ vnd vff einem frembden grundt
des gesichts gestellet/ wider sein arth/
darauff er nit bestehen mag/ das ist je
ein vnchristlicher mißbrauch/ des heiligen Sacraments vnd des glaubens.

Vom gebet vber das Sacrament/ in der Papistischen Meß.

In Canone minore co̅fitetur Sacerdos, se esse peccatorem, & rogat pro se precari: hic autem precatur ipse Patre̅ pro filio.

Der fünffte mißbrauch ist/ daß
sich der Meßlesend Pfaff/ zum
andern mal zu einem Mittler für-
stellet/ zwischen Gott vnserem himeli-
schen Vater/ vnd seinen geliebten Sohn
Jesu Christo/ Bittet den Vater für den
Sohn/ daß er in gnediglich annemen
wölle/ als die opffer Abels/ Abrahams/
vnd Melchisedechs/ wiewol Melchisedech auch nit brot vnd wein geopffert
hat. Denn es/ Genes. 14. nit (offerens)
geschrieben stehet/ sonder (Proferens) ꝛc.
Ist aber das nit ein vngehörter grewl/
vnd

vñ mißbrauch/ daß ein elender mensch/ vnd ein verstockter stinckender sünder/ Gott den Vater für seinen Sohn bitten sol? Gleich als wen Christus in Gottes vngnaden were/ vnd müste aber durch einen Pfaffen/ der da frömer were den Christus/ allererst zu gnaden des Vaters bracht werden. Deñ es wird je von den Papisten (auß Thomas lehr) geglaubt/ daß in jren Messen/ Brot vnd wein verschwinden/ nit mehr Brot vnd wein bleiben/ sonder da in jren henden verwandelt werden/ in den waren natürlichen leib Christi/ darüber betten sie/ wie jetz angezeigt/ mit einem gebet in jrem Meßbuch vnd Canon begriffen/ daß also anfaht: Super quæ propitio ac sereno uultu. &c.

Matth. 3. & 7. Hic est filius meus dilectus, in quo mihi complacui.

Wie auch oben im andern mißbrauch angezeigt ist.

Ferners bitten sie Gott vnsern Vater/ daß er seinem heiligē Engel gebiete/ vff daß er diesen Christū seinen Sohn/ in gestalt Brots vnd weins/ mit seinen henden trage vff den hohen Altar/ (villeicht ist auch ein hoher thumbstifft im himmel) für das angesicht

N iij seiner

seiner Götlichen Maieſtat / vnd nach
dem / wen ſie lang gebetten haben / ſo
eſſen vnd trincken ſie es doch zu letzt /
alles gar / Gebe der Engel hab zu tragen / oder zu füren / was er wölle. Ey es
hat ein hübſchen ſchein / aber dardurch
Gott / vnd ſeine Engel verſpottet werden. Man ſehe aber hie zu / ob das nit
ſey ein vnchriſtlichs / verzweiffelts gebet / darin offentlich verleugnet wird /
der warhafftig Artickel vnſers heiligen
Chriſtlichen glaubens / Nemlich / Er iſt
vffgeſtigen zum himmel / ſitzt zu der
gerechten / ꝛc. Denn die pfaffen bitten
daß der Engel kome / vnd jn allererſt
hinuff trage / gleich als ob er in menſchlicher natur noch hie vff erden were /
vnd aber ein ſolcher ſchwacher krafft-
loſer Gott / daß er one hilff der Engel
nit hinuff könne komen. O ein verkerts
Gottleſterliches gebet / ein verleügnung
des Chriſtlichen glaubens / vñ verzweif-
felter mißbrauch des heiligen Sacraments. Das gebet ſtet im Meßbuch im
Canon / vnd fahet alſo an / Supplices te ro-
gamus.

gamus. Diese gebet können die Pfaffen nit
verleugnen/ noch weniger verantwor-
ten/ denn es lesen jr vil Meß/die nit ver
stehen was sie lesen/ich geschweig des
verantwortens. Also kompt, finsternuß/
Blintheit / mißbrauch/ grewel/ je eins
auß dem andern/ darob man dan mit
gewalt haltet/ vnd läst den Teufel mit
aller Gottslesterung Meister sein/Gott
wölle es mit seiner gnaden bessern.

Von empfahung des Sacraments.

Er sechst mißbrauch ist/ daß die
Meßlesende Pfaffen/ daß heilige Sacramēt empfahen vñ nies-
sen/ für andere/ lebendigen vnd todten/
(denn warumb solten sie sonst presentz nemen) Daß ist vber den mißbrauch auch ein grosse vermessenheit/
denn je kein mensch für den andern glau
ben kan zu der seligkeit/ sonder ein jeglicher wird leben in seinem eignen glau- Abac. 2.
ben/ wie kan denn ein mensch/ das Rom. 1.

N iiij Sacra-

Sacrament für ein andern empfahen:
Nemlich dieweil Christus diß Sacrament zur gedechtnus seines tods gestifftet hat/ an welcher gedechtnus die Christen menschen jren glauben vben sollen. Also daß ein jeglicher mensch für sich selbs festiglichen glaube / daß der leib Christi für jn in den tod gegebē/vñ sein blut/ zu verzeihung seiner sünden / vergossen sey/ jm darumb lob vnd danck von hertzen sage. So nun solche gedechtnus im glauben von allen Christen menschen ohne vnderschieblich erfordert wird / wie es auch klärlich in den Articheln des Christlichen glaubens verfasset ist/ Also: Der gelitten hat vnder Pontio Pilato / gecreützigett/ gestorben/ vnd begraben/ :c. vnd diß heilig Sacrament/ vmb solcher gedächtnuß willen gestifft ist: So folget/daß es ein jeglicher Christen mensch für sich selbs nach seiner gelegenheit empfahen sol/ wie er für sich selbs auch glauben muß/ wil er anderst seelig werden: vnd mag es keiner für den andern empfahen als
wenig/

wenig/ als auch einer für den andern
glauben kan zu der seeligkeit. Darumb
auch der heilig Paulus/ nit vergeblich
schreibt/ 1. Cor. 11. Der mensch prüfe
sich selbs/ ꝛc. Er spricht (sich selbs)
denn die sach berüret einen jeglichen für
sich selbs/ vnd wil durch keinen andern
außgericht sein. Als da einer einē pfaf
fen wolt ein batzen geben/daß er vor jn/
oder von seinet wegen/solt das Sacrament empfahen: daß tregt ein gleiche
meinung auff jm/ als wan einer selbs
wolt ein Gotloser mensch sein/Gott nit
selbs erkennen/ noch sein wort hören/
oder jm glauben: wolt aber einem andern ein lohn gebē/daß er solt von seinet
wegen from sein. O ein schöne gleissen-
de fromkeit/ mit welcher die Pfaffen
vm lohn from sein/nit allein für die einfaltigen menschen/ welche sie mit jrer
falschen lehr verfüren: sonder auch für
alle boshafftige/ geitzigen/ Rauber/
Dieb/ vnd schelcke/ ꝛc. die jnen von
jrem raub/ wucher/ vnd diebstall theil
geben/ denselbigen theilē sie auch mit/

N v jre

jre frōmkeit/ schreibē sie in jre seelbūcher (doch sampt dem Järlichen zinß) sie verkünden sie vff der Cantzel/ sie begehen jnen jr jarzeit/ sie lesen Meß für sie/ Sie glauben vnd empfahen daß Sacrament für sie/ Sie erlösen sie auß dem fegfewer/ vñ setzen sie mit päpstlichem gewalt in den himmel/ als lang die presentz weret: Wen aber die Presentz ein ende hat/ so fragen die pfaffen nit vil darnach/ Es sitze einer im himmel oder darneben/ Deñ es auch am tag ligt/ daß sie jre fromkeit mit Meßlesen vnd Sacrament empfahen/ nit vil oben gegen den armen gemeinen menschen/ die jnen nichts geben/ oder zu geben haben/ als sie thun/ gegen den reichen. Aber Gott wöll vns vor solcher frembden gleissenden/ vnd erkauffte fromkeit durch seine gnade behütten/ denn sie hat warlich kein stat für Gott. Welcher selbs nit glaubt/ vnd von hertzen from ist/ der wird nit selig/ Marc. 16. Rom. 10. Sonder muß verdampt sein/ da hilfft aller pfaffen fromkeit nit für vff erden/
Es

Es hilfft kein Ablaß / noch kein Meß‑
lesen/ ob schon alle pfaffen / alle Sa‑
cramenta von seinet wegen empfingen/
die vff erden weren/ Gottes wort steht
fest vnd vnbeweglich. Welcher mensch
aber selbs glaubt vnd von hertzen from
ist / der wird selig / vnd bedarff keins
frembden erkaufften Sacraments es‑
sers / zu seiner seligkeit/ er wirds wol
selbs empfahen / wen jn sein eigen ge‑
wissen treibt.

In summa/die lebendigen können
das Sacrament keiner für den andern
empfachen (wie angezeigt) noch viel
weniger für die todte / ja was gehet
das Sacrament die todten an / so es
doch allein den glaubigen gestifft vnd
gegeben / aber die todten ausserhalben
dem standt des glaubens sein / vnd
können die gedächtnus des leidens vnd
sterbens Christi nit mehr halten/ noch
seines tods verkündung nicht mehr hö‑
ren. Darumb der pfaffen Meß für
die todten gantz nit dienet. Denn ein
jeglicher

jeglicher mensch / nach dem wie er / eint
weders selbs geglaubt / od nit geglaubt
hat in seinē leben: Also wird er auch seelig oder verdampt / vnd hilfft nach seinem tod kein Sacrament oder Meßhal-
tens für jn. Was vom fegfewer der
glaubigen in der andern welt / geredt
vnd gelert wird / ist erdicht ding / ohne
Gottes wort / ja wider Gottes wort /
wie leichtlich zubeweisen. Darumb die
Meß am selbigen ort auch nit stat hat.
So bekennen auch die pfaffen selbs / in
jren Meß Canon / in der gedechtnuß / die
sie für die todten halten / daß di abge-
storbnen glaubigen / ruwen im schlaff
des friedens / das ist war nach außwei
sung des heiligē Euāgelij. Dieweil dem
nun also ist / was geprengs machen die
Pfaffen denn mit dem fegfewer / vnd
warumb nemen sie Presentz vnd lohn /
mit jren Messen die seelen auß dem fegfewer zuerlösen. So der glaübigen see
len doch (wie sie selbs one jren danck
bekennen) im frieden schlaffen / daß
Requiescant in pace muß je jrrent halbē en
vergeb-

vergeblich wort sein / es gleisse gleich
wie hübsch es wölle. Der gleichen ist es
ein ding / mit der pfäffischen Vigilien
für die todten. Die heiligen psalmen
vnd andere gschtifft werden da mißbraucht zu einem grossen geschrey / aber
mit lützel wollen / souil es die todten be
trifft: Aber den pfaffen ist solches geschrey nit vnnütz wie die offentlich er-
farnus zu erkennen gibt/ da steht der miß
brauch.

Vom verdienstlichen
werck der Meß.

Er siebend mißbrauch ist / daß
die pfaffen ein verdienstlich
werck auß der Meß machen/
damit sie allen menschen / die jnen lohn
darumb geben / das ewig leben verdienen mögen. Darumb auch die reichen
also vil Meß stifften vnd lesen lassen
nach jrem tod. In dem aber verlestern
die pfaffen / den kostbarlichen verdienst / des leidens vnd sterbens Chri-
sti/

sti / welchen er auß lauter gnaden vnd Barmhertzigkeit / ohn alles gold vn̄ silber / vmb sonst geschenckt hat / allē glaubigen menschē / Esaie 52. 1. Petr. 1. Sich desselbigen zugebrauchen zū ewigen leben / als hettē sie es schon selbs verdient / Den durch solchē verdienst / seind schon alle glaubige selig / in der hoffnung / Rom. 8. Vnd haben das ewig leben / Joan. 3. Dörffen sich auch nach jren tod / für keinem fegfewer fürchten / denn Christus spricht / Joan. 5. Warlich warlich sage ich euch / wer mein wort höret / vnd glaubt dem / der mich gesandt hat / der hat das ewig leben / vnd kompt nit in das gericht (wo bleibt den das fegfewer) Sondern er ist vom tod zum leben hindurch gedrungen. Item / Joan. 6. Wer von meinē fleisch isset / vn̄ trinckt von meinem blut / der bleibt in mir / vn̄ ich in jm (also müst Christus mit einem glaubigen ins fegfewer faren) vnd hat das ewig leben / vnd ich werde jn am Jüngsten tag vfferwecken / ꝛc.

Sihe

Sihe da/im klarē wort Gottes/wird
den glaubigen zugesagt/ daß sie schon
das ewig leben haben/darumb dörffens
jnen die Pfaffen nit allererst mit jrem
Meßlesen verdienen/ Goldt/ Sylber/
gelt/ oder ander gütter darfür zu lohn
nemen. Christus hat daß heilig Sacrament zu keinem solchen Jarmarckt
ingesetzt/ auch den Aposteln mit befolhen solche krämerey darmit zu treiben/
noch auch mit keinen andern gaben der
gnadē Gottes, deñ er spricht Matt. 10.
Vmb sonst habt jrs empfangen/vmb
sonst solt jrs auch geben. Hieruff Petrus zum Simon sprach/ ō jm gelt wolt
geben/vmb die gaben des heiligē Geist/
Acto. 8. Verdampt seistu mit deinem
gelt/ ꝛc.

Dieweil nun vnsere Pfaffen/ein kauf
mans handel auß der Meß machen/
vñ ein Fuckerey/oder wechselbanck dar
neben vffrichten/Leihen/ Kauffen/ Ver
kauffen/ Vnderpfandt annemen/ brieff
vnd siegel darüber vffrichten / zu gericht gehen/mit den schuldnern zancken
vnd

vnd hadern/ die vnderpfandt vffho-
len/ zu jren handen nemen/ die schuld-
ner zu kosten vnd schaden treiben/ ec.
Das alles offentlich am tag ligt/daß
solches getrieben wird mit dem gelt/
damit die Messen gestifft seind. Wie
kan denn der Papisten Meßhandel/ nit
für einen Gottlosen mißbrauch erkand
werden bey allen fromen Christen? Denn
jederman sihet daß das heilig Sacra-
ment/ der pfaffen Wucher/Geitz/Ei-
gennutz/ ec. (Ich geschweig anderer
stuck) dienen muß/vnd also/was Gott
zu seiner ehr/vnd zu der menschen heil ver
ordnet hat/das muß dem Teuffel diene.
Darumb sehen sich wol für alle die solchen dienst handthaben vnd beschir-
men/ sie müssen warlich rechenschafft
darumb geben.

Die Meß mag wol bey den Papisten
ein verdienstlich werck heissen/sie verdient ja den pfaffen vnd München/
daß sie alle gnug daruon haben/soll/
vnd sat sein/ vnd gute faule tag darbey
haben: Aber warlich das vrteil ligt jnen

vff

vff dem halß/ 1. Cor. 11. Welcher vnwirdig isset/ ꝛc. Der ißt vnd trinckt jm selbs das gericht/ Er wird schuldig am leib vnd Blut des HERREN. Werden sie es für ein schimpff halten vnd vbersehen/ so ist es schon vmb jr heil geschehen.

Vom gedechtnus der heiligen in der Meß.

DEr Acht mißbrauch ist/ daß vieler heiligen gedechtnuß in der Meß gehalten wird/ Nemlich der heiligen Junckfrawen Marie/ Petri/ Pauli/ Andree/ Jacobi/ Joannis/ Philippi/ ꝛc. Vnd das geschicht zweimal im grossen Canon/ der gleichen auch in kleinen Canon/ im gebet das da anfaht/ *Suscipe sancta trinitas*, ꝛc. Aber Christus hat diß heilig Sacrament zu keines heiligen gedechtnus eingesetzt: Sonder allein bloß zu seiner gedechtnus/ da er sagt: So offt jr solches thut solt jr mein darbey gedencken. Er spricht
O Mein/

Mein/ Mein solt jr gedencken: vñ sagt aber nit/ daß man auch sanct Peters oder S. Pauli darbey gedencken sol. Darbey wer es billich blieben/ wo die vernunfft nit besser meister het wöllen sein/ denn Christus selbs. Man veracht darumb die lieben außerwölten heiligen nit/ daß man aber Gottes werck vnd ordnung also für vnuolkomen haltet/ daß man sie mit den heiligen vnderstutzen vnd pletzen wil/ das ist vnrecht. Hette Christus der heiligen gedechtnus auch in seinem Nachtmal wöllen gehalten haben/ er hette es wol können verordnen. Er hatte doch seine Apostel bey jm am tisch sitzende/ darumb er wol hette können sagen/ So offt jr solches thut/ solt jr mein darbey gedencken/ vnd alle die es nach euch thun werden/ die sollen ewer vnd ewers gleichen/ auch darbey gedencken: Aber Christus wil seine ordnung/in diesem Nachtmal vnuersetzet/ auch vnzertrennet haben/ welche allein zur gedechtnus seines tods/vnd des gnadenreichen wercks vnserer erlösung/
vffge-

uffgericht ist/ vnd keines heiligen ge=
dechtnus. Er wil auch seine ehcr in die= Esaie 42.
ser gedechtnus/ der gleichen in andern
stucken vnsers heils/ keinem andern ge=
ben. Darumb S. Peters vnd S. Pau=
lus namen/ ꝛc. nichts dabey zu schaf=
fen haben. Sie seind aber dahin ko= Vt testa=
men/ohn allen zweiffel/auß der vrsach/ tur Canon
daß man Christo nit allein vertrawet/ minor.
vnd die heiligen auch für mitler vnd
fürsprechen für Gott/ gehalten hat/
welches doch wider die geschrifft vnd
Gottes wort ist. Sie seind ja nit vn= 1. Tim.2.
sere mitler/ Sie haben auch nit für vns 1.Iohan.2
den tod gelitten/ noch jr Blut zuuerzei=
hung vnserer sünden vergossen/als aber
Christus gethan hat. Darumb gehört
jre gedechtnus nit in dieses Nachtmal/
da allein nach der ordnung Christi ge=
handelt sol werden die gedechtnus vn=
serer erlösung/ durch sein einigs leiden/
sterben/vnd blutuergiessung geschehen.
Die menschlich ordnung/zusatz/vn ver=
mischung mit der heiligen gedechtnus/
ist zunil/vn ein gewisser mißbrauch in d
O ij Meß

Meß / denn die heiligen haben zu dem werck vnserer erlösung nichts geholffen. Christus der Sohn Gottes hat es allein müssen außrichten / vnd auch die heiligen selbs müssen erlösen. Darumb jnen die ehr solcher gedechtnus / die Christus jm allein für sich selbs gestifftet hat / nit zusteht noch gebüret.

Aber sonst mag man wol / vnd sol auch der lieben heiligen / Christlicher weiß gedencken / wie in der Epistel zun / Hebr. 13. Cap. angezeigt wird / Also: Gedencket an ewere Fürgenger / die euch das wort Gottes gesagt haben / welcher außgang schawet an / vnd volget jrem glauben. Also sol man nun S. Peters vnd Pauli / gedencken / daß man jre Predig vnd lehr des heiligen Euangely höre / demselbigen glaube / wie sie geglaubt haben / vnd jnen im steiffen glauben Jesu Christi nachfolge biß in den tod / so werden wir mit jnen selig. Sölche gedechtnus von jnen zu halten / ist vns befolhen. Daß man aber jre gedechtnuß im Nachtmal haben sol / gleich als

thetten

theten sie auch etwas zu vnserem heyl vnd seligkeit:(wie es denn der Meß Canon fürgibt) das ist vns nit befolhen/ haben auch kein gezeügnus in der heiligen geschrifft darvon/Menschen theding gelten in disem handel nichts.

Von der Meß kleidung/ Bilden/ vnd geberden.

Er neünt mißbrauch ist/daß die pfaffen eigene kleider/vnd seltzame geberden/zu der Meß/in handlung des heiligen Sacraments brauchen. Vnd wiewol/an der eüsserlichen kleidung des gewissens halben/nichts gelegen ist/wie/oder womit/ein mensch (er sey pfaff oder Laye) gekleidet sey/der das Nachtmal Christi halten/vnd das heilig Sacrament empfahen wil/So er allein jnnerlich recht bekleidet/vn̄ Christum durch den glauben angezogen hat/darumb wir

O iij   auch

auch nit lesen von Christo vnd seinen
Aposteln/ daß sie eigne vnd sonderliche
kleider zum Nachtmal selbs gebraucht/
oder hernach verordnet haben/ Auch
noch heut bey tag/ kein gemeiner Christ/
zu sonderlicher kleidung im Nachtmal zu brauchen gezwungen wird.
Daß aber nun die pfaffen/ eigne Meßkleider erdichtet vnd verordnet haben/
(daran auch nichts sonderlichs gelegen were/ wen man jm sonst recht
gethan hette/ vnd dieselbigen kleider
frey gebrauchet/ oder vnderlassen/ wan
man gewolt hette) vnd ohne Gottes
wort/ auch ohne alle exempel Christi
vnd seiner Jünger/ ein notzwang
darauß machen/ vnd die gewissen
daran binden/ Also daß keiner kein
Meß lesen/ vnd das heilig Sacrament handlen sol/ Bey einer todtsün-
den/ er habe denn solche kleider an.
Daß ist ein mißbrauch/ vnd heist wider Christliche freyheit sünde machen/
da kein sünde ist. Denn je vnserm
HERREN Gott gleich als wenig
an

an der kleidung gelegen ist/ als an speiß
vnd tranck/ oder andern eüsserlichen Matth. 15.
dingen/ so allein das hertz jnnerlich
im glauben recht gefasset ist. Darumb
auch der heilig Paulus sagt/ Coll. 2.
Lasset euch niemandts gewissen machē
vber speiß vnd tranck/ ꝛc. Folgt jm
selbigen Text: Waß lasset jr euch fa-
hen/ mit satzungen deren die euch sa-
gen/ Du solt das nit essen noch trin-
cken/ Du solt das nit anrüren/ Du solt
das nit anlegen/ welches sich doch
alles vnder handen verzeret/ vnd ist Gewissen
nach gebotten vnd lehren der menschen machen
welche haben allein ein schein der weiß- vber kleɪ-
heit/ durch selbs erwölte geistligkeit vñ dung ist
demut. Aber sihe zu/ mā hat dē Pfaffen gleißne-
gewissen gemacht/ vber den Meßklei- rey.
dern/ jnen dieselbigen gebottē/ Die habē
auch ein schein der heiligkeit vñ geistlig
keit/ deñ sie Bedeüten nach menschlicher
dichtung/ heilige/ vnd geistliche ding/
ja grosse Christliche tugent/ welche die
Meßlesendē Pfaffen an jnen habē sollē/
wie nach der leng zu sehen ist/ in einem

O iiij Buch

Pſal.
Sacerdotes
tui Domi-
ne induan-
tur iuſti-
tia.

Die
Münchs
kutten
ſtheen
auch wol
darbey

Buch von jnen ſelbs gemacht/ daß heiſt
(Rationale diuinorum officiorū. lib. 3.) Was
hilfft aber der ſchein / vnd die Bedeu-
tung/ ohn die warheit? Man ſpüret je
die bedeuten tugentē nit vil an den Pfaf
fen. Wo zu iſts gut/ daß ein gottloſer
menſch/ ein hürer/ vnd leſterer/ in einē
heilig ſcheinenden kleidt ſtecket/darin er
ſich für geiſtlich vnd from dar ſtellet/
vnd iſts aber nit? Verkaufft auch vnder
ſolchem ſchein andern menſchen gute
werck/ die er doch ſelbs nit hat / leſtert
Gott vnd betrügt die menſchen. Das
iſt ja ohn alle widerrede / ein ſchedlicher
mißbrauch der Meß kleider/welche mit
jrem heiligen ſchein/ vil Büberey bede-
ken / daß man ſie mit ſehenden augen
nit ſihet. Spricht man aber: Bedecken
doch andere kleider auch ſchelck vnd
Buben? Antwort/ Es iſt war/ſie haben
aber nit ein ſolchen heiligen ſchein/ darumb ſie auch nit alſo betrüglich ſein/
wie die Meßkleider. Iſt ſonſt einer ein
ſchalck od Bub/ſo wird er in ſeinem eignen kleidt ein ſolcher Bub erkandt: Iſt
aber

aber ein Pfaff schon ein Bub (ein offentlicher hurer/ ein raßler vnd spiler/ ein weinsauffer/ vnd trunckenboltz/ oder sonst ein leichtfertiger mensch/ so helt man in dennoch für from/ wan er am Altar/ mit vffgestreckten Armen Creutzweiß/ in den Meßkleidern steht. Daher das gemein sprichwort kompt/ daß man von den Meßlesenden Pfaffen sagt: Der Pfaff ist heüt from gewesen/ oder/er wil vff den heissen stein/ vnd from sein/ ob er schon ein Bub in der haut ist.

Vber die beutungen der geistlichen tugenten/so die Meßlesenden Pfaffen an jnen haben sollen/seind noch andere beütungen erdicht/ vnd Beschrieben/ in jrem Buch genandt (Rationale diuinorum officiorum, lib. 3.) Nemlich sol das hume- Humerale. ral/ das ist/ daß haupttuch/ bedeüten/ das tuch/ damit die Juden dem HERREN seine Augen verbunden haben in Cayphas hauß/ da sie in schlugen/ vnd hiessen weissagen. Item das lang weiß kleidt/ genant die Alba/ sol bedeu- Alba.
O v ten

ten das kleid / darin Herodes Christum verspotet hat.

Cingulum. Item der gürtel/ sol bedeüten die geissel/ damit Christus im gerichthaus ge‑
Stola. geiselt ist worden. Item die Stola sol bedeüten das seil/damit er ist an die seul gebunden worden.

Manipulus Item daß Manipel/sol bedeüten den strang damit die Judē Christū gebundē haben/da sie jn im gartē gefangen habē.

Casula. Item die Casel / oder das Meßgewandt/sol bedeüten das purpur kleid/ daß Pilatus dē HERren ließ anlegē/ ꝛc.

Der gleichen auch / haben alle andere bildung / vnd geberden / jre sonderliche erdichte bedeütungen in der Meß / Als nemlich / das bucken vnd neigen / das ausstrecken der Armen in creutzweiß/ vnd das Creutz machē mit den fingern. Item des Meßbuchs legen von einem ort des Altars vff das ander ort. Item das küssen/ daß d pfaff das Meßbuch küsset. Item das vmbwenden/daß sich der pfaff etwan gegen dem volck vmbwendet/vnd mit jm redet/ das doch nie‑
mands

mands vom gemeinen volck verstehe
was er sagt/vnd vil andere geberden die
da in der Meß geübet werden Bedeütli∣
cher weiß/ ꝛc.

Wiewol im nun also ist in der war∣
heit/daß das Nachtmal/vnd brauch
des heiligen Sacraments/zur gedecht∣
nus des leidens vnd sterbens Christi/ ge
stifftet ist: was dienet aber diese Bedeutli
che kleidung/eüsserliche Bildung/vñ ge∣
berden darzu? Welche doch Christus/
od auch seine Jünger im Nachtmal nit
gebraucht habē/ auch seind sie vō keinē
Apostel/also zu brauchē gelehrt wordē/
Paulus hets sonst auch den Corinthern
kundt gethon/ da er jnen vō brauch des
Nachtmals schreibt/1.Cor.11.Wer sagt
dem gemeinē Christen volck/ was diese
ding alle/so in ð Meß geübet/vñ gehan
delt werden/Bedeüten? So es doch vil
Pfaffen/ ja das grösser theil/selbs nit
wissen/ auch die Lateinische Sprach/
mit ð sie Meßlesen/gātz wenig/od aber
gar nichts verstehē/wandlē also blintz∣
lingen/in worten/ vñ werckē. Ob man
aber

aber schon dem gemeinen volck sagt/ vnd lehret es / was diese obbeschriebne ding alle bedeüten / nach menschlicher dichtung: Was gehen sie das Christen volck an? Das nit mit solchen erdichten deütelleyen / vnd eusserlichen Bildern/ allein vff den augenschein gericht / sol gelert werden zu betrachten das leiden Christi: Sonder vil mehr mit der steif‐ fen warheit des worts Gottes/ Nem‐ lich also/ daß man dem volck / Bey der ordnung des Nachtmals/ wie es Chri‐ stus selbs gestifftet vnd angericht hat/ mit seinem Göttlichen wort/ Dasselbig wort/ herlich predigen vnd verkündi‐ gen sol/ wie daß Christus seinen leib für vns in den tod gegeben / vnd sein Blut/ zuuerzeihung der sünden/ vergossen ha‐ be. Daß man also nit durch deütelwerck vnd augenschein / sondern durch die mündliche predig/ des heiligen Euan‐ gelij das Christen volck lehre/des HER‐ REN leiden mit hertzlichem glauben zu betrachten/ welches durch blosse er‐ dichte deütteley/vnd Bildung nit geshe‐
hen

hen mag/ dieweil der glaub nit vff solchen eusserlichen dingen hafftet/ sonder allein am wort Gottes.

Daß nun diß die rechte ordnung sey/ zubetrachten das leiden Christi/ bezeuget vns der heilig Paulus/ 1.Cor.11. Da er sagt: So offt jr von diesem Brot des HERREN esset/ vnd von seinem kelch trincket/ solt jr deß HERREN tod verkündigen/ Biß/ etc. Er spricht nit/ So offt jr Meßhalten/ solt jr ein Alben/ Stolen/ Manipel/ vnd ein Meßgewand mit einem grossen Creutz an thun/ jr solt die Arm creutzweiß von euch ausstrecken/ euch tieff bucken/ vñ neigen/ vnd vil lufft Creutz mit fingern vber Brot vnd wein/ vornen/ hinden/ vnd vff die seiten machen/ daran das volck sehen/ vñ wissen möge/ wie man mit Christo sey vmbgangen: Sonder also sagt der heilig Paulus/ So offt jr von des HERREN Brot esset/ etc. Solt jr seinen tod verkündigen/ daß Euangelion offentlich predigen/ daß das volck hören vnd glauben möge/

Seßen/ macht nit selig.

Glauben macht selig.

wie

wie Christus für vnsere sünde gestorben sey/vns von dē ewigen tod erlöset habe. ꝛc. Also steht die warhafftige betrachtūg des leides Christi/nit in bedeütlichē kladung/ bildung/ vñ zeichen/die man für augen sihet: Sonder in der mundtlichen predig des worts Gottes/ das man höret vnd im glauben fasset.

Nun geschehen aber der Winckel Messen vil/ hin vnd her/ vnd die bedeütlichen zeichen/ geberden/ vnd kleidung (an denen doch nichts gelegen ist/ darvon wir auch keinen Göttlichen befelch haben) werden von allen pfaffen vleissig gebraucht/ in Stifften/ Clöstern/ Clausen/ pfarkirchen vnd Capellen. Vrsach/ das deutelwerck ist gut zu treiben/es lernets einer in acht tagen/ daß ers darnach allwegen treiben kan/ so offt er wil/ oder wenn man es von jm begeret/ bedarff keins studierens/ vnd tregt grossen nutz / von pfründen/ die darauff gestifftet sein: Aber das heilig Euangelion/ vnd des HERRen tod/ werden gar von wenig pfaffen geprediget

geprediget vñ verkündiget/ daran doch
alles heil gelegen ist/ vnd daruon wir
ein Göttlichen befelch haben/ zu war-
hafftiger Betrachtung des leidens Christi. Vrsach das Predigen nimpt vil
mühe vnd arbeit/ mit schreiben/ lesen/
studieren/ bricht den kopff/ vñ macht
vnlust/ darzu bringt es vil vngunst gegen der welt/ welche die warheit nit leiden mag/ verfolgung/ leiden/ anfech-
tung/ vnd etwan den tod/ das ist den
Meßpfaffen zu schwer/ vñ schmackt jn
nit. Dieweil nun dem also ist/ daß die bedeütlichē Meß kleider/ zeichen vñ geber-
ben (welche allein ein gleissenden schein
fürgeben/ zur betrachtung des leiden
Christi) oberhand genomē haben/ vñ
getretten seind an die statt d́ mündtlichē
predig Gottes worts vñ verkündigung
des tods Christi/ Also daß d́ Meßdeütler
mehr worden seind/ deñ d́ prediger des
Euangelij/ vñ die deüteley auch höher
geacht ist/ deñ die predig des worts Gottes: So folget daß die Meßkleidung/
sampt allem zugehörigen deütelwerck
ein

ein schedlicher mißbrauch seind bey den Christen/sollen auch billich abgethan werden/ vnd das Euangelion an jr stat widerumb vffgericht werden: Sie mögen sich auch nit bey einandern dulden. Denn das warhafftig Euangelion Jesu Christi/ vnd das kindische deütelwerck/ reümet sich nit zusamen. Ein Christ sol stracks vnd dapffer im licht der warheit Göttlichs worts wandlen/ vnd nit mit deütelwerck in der finsternus menschlicher dichtung vnd gutdunckel tappen/als ein blinder. Die Christen sein kinder des lichts/ vnd nit der finsternuß/1. Tessal. 5.

Von ergenlichen Meßen.

Der zehende vñ letzte mißbrauch ist/ daß die Pfaffen zum grösten teil/ die da teglich Meßhalten/ vnd die heiligen Sacrament handlen/ den heiligen Ehestandt von Gott verordnet/ vñ jederman vmb der hurrerey willen zuuermeiden (sonderlich den Bischoffen

Bischoffen vnd Priestern / Leui. 21. 1.
Timoth. 3. Tit. 1.) erlaubt/als ein beflecͤ Gene. 2.
cktē vnreinen standt / verachten vnd Matth. 19.
schewen: förchten sich aber nit sonst 1. Cor. 7.
vnehrlich vnd vnchristlich / mit Kebs Dist. 31. c.
weibern zu beflecken/ wider Gott vnd Nicena sy
sein heiligs wort / vnd ein offentlichs er nodus. Et
gerlichs leben / ohne alle schām zu fū= c. Quoni=
ren vor aller welt/zu jrem eigē/auch an am. Dist.
derer menschen verderbnus / welche sie 31. c. Vo=
vilfeltig durch jr leben ergern. Darumb lumus.
sie das verdamlich Wehe/vff jren halß Dist. 23. c.
laden / Matth. 18. Wehe der welt der his igitur.
ergernus halbē. Welcher der geringsten
einen ergert/die an mich glaubē (spricht
Christus) dem were es besser / daß ein
Mülstein an seinen hals gehenckt würd
de/vnd ertrenckt würd im Meer / da es
am dieffsten ist / ꝛc.

Sie seind in Gottes Bann/1. Cor. 5.
Welcher sich ein bruder / das ist / ein
Christen last nennen / vnd ist aber ein
Hurer/ Geitziger/ Abgötterer/ Lesterer/
ꝛc. mit dem solt jr nichts zu schaffen
haben / solt auch nit mit jm essen / ꝛc.

p   Sie

Sie seind in solchem stand vermale⸗
deyt/ vnd verdampt/ durch Gottes
wort/ 1. Cor. 6. Ephef. 5. Kein Hurer/
oder Ehrecher/ Geitziger/ oder Abgötti⸗
scher/ ꝛc. wird ererben das Reich Chri
sti vnd Gottes/ Hebr. 13. Eerlich ist die
Hochzeit/ aber die Hurer vnd Ehebre⸗
cher wird Gott reichten. Darumb ists

*Miß⸗
brauch
des Sa⸗
craments*
vnmöglich daß sie in solchem stand/
die Sacrament Christlich handlen/
brauchen/ oder niessen mögen/ vnd
fallen alle mal/ so offt sie Meßhalten/
in Gottes gericht/ das der heilig Pau⸗
lus außspricht/ 1. Cor. 11. Welcher vn⸗
wirdig von diesem brot isset/ ꝛc. Der
ißt/ vnd trinckt jm selbs das gericht/
er wird schuldig am leib vnd blut Chri⸗
sti.

Darumb verbeüts auch das geistlich
Recht/ daß kein Hurer Meßhalten sol/
Dist. 32. c. Præter. Sagt pabst Alexan⸗
der der ander: Auß dem gewalt Gottes/
vnd der heiligen Aposteln Petri vnd
Pauli/ gebieten wir/ daß kein priester
der ein Kebsweib hat/ od. bey jm duldet/

Meß

Meß sol haben/ vnd weder daß Euan‑
gelion/ oder die Epistel singen/ sol auch
nit geduldet werden/ in der gemein der
andern priestern. Widerumb verbeut
daß geistlich recht/ daß niemandts sol
hören das Ampt eines Hurenpfaffen/
Dist. 81. c. Si qui presbyteri / Sagt Pabst
Gregorius / Welche priester Euange‑
lier/ vnd Episteler/ in dem laster der
Hurerey ligen/ denen verbieten wir/ von
wegen Gott des Almechtigen Vaters/
vnd auß dem gewalt S. Peters/ den
eingang der Kirchen biß daß sie Buß
würcken/ vnd sich besseren. Ists aber
sach/ daß sie in jren sünden verharren:
So sol sich niemandts vnderstehen/ jr
Ampt zu hören/ Deñ jr Benedeyung wird
verwandelt in ein vermaledeyung/ vnd
jr gebet wird verwandelt in sünde. Wie
der HERR durch den Propheten Psalm. 108
Malach. 2. Bezeüget. Auch verbeüt das
geistlich recht/ daß keiner sol hören oder
sehen/ eines Hurers Meß/ bey dem Bañ/
Dist. 32. Ca. Nullus. Sagt Pabst Nico‑
laus: Niemãdts höre Meß des Pfaffen

p ij den

den man weiß verleumbt mit einem
Kebsweib / denn solches verbeut daß
heilige Concilium bey dem Bann.

Mißbrauch der Meß   Also folget/ auß göttlicher geschrifft
vnd dem geistlichen Rechten / welche
in dieser sachen zu samen stimmen/ daß
der Hurenpfaffen Messen ergerlich
seind/ vnd daß auch jr keiner Christlich
Meßhalten / oder (wie daß geistlich
Recht selbs bekennet) daß heilig Sacrament machen kan. Deñ kein Böser Baum
macht gute frucht/ Matth. 7. Wo nun
die Pfaffen also vermessen seind / vnd
nach erkanter warheit / frefentlich/ vnd
mit verstockten hertzen/ sich vnderstehen/ im Huren vnd Buben standt Meß
zuhalten / damit vnchristlich wider
Gottes wort / offentlich zu handlen/
auch mit verachtung jres eigen geistlichen rechtens: Da sollen alle Christen
menschen daruon weichen/ vnd eylends
flihen / vff daß sie solcher größlicher
sünden vnd Gotteslesterung nit theilhaftig werden. Welcher aber darbey bleibt/
der sol wissen/ daß er getzeügnus vber

sich

sich selbs gibt / daß er in solche sünde
vnd Gottslesterung verwilliget. Darumb felt er gewiß mit dem lesterer vnd
dem hurenpfaffen in gleichen Bann/
vnd Gottesgericht / darfür Gott
alle frome Christen / durch
seine gnad wölle be-
waren/Amen.

Ende der gemeinen
mißbreuch in der
Papistischen
Meß.

Von dem Priestertumb
Christi auß dem syebendten capittel der Epistel zu den Hebreern.

Joan. 5.
Erforschent die heilige geschrifft.

Hiere. 23. Matth. 15. Colloſ. 2.
Menschen leer ist der seelen gifft.

Pſal. 11.
Das wort Gottes ist gantz lauter vnd rein.

Deut. 4. et 12.
Es kann menschen wort nit leyden gemein.

Matth. 15.
Was an Gottes wortten nicht ist gegrund.

Rom. 14. Ecclesiaſt. 17.
Das ist eittel grewel vñ stinckende sünd.

Zu

Zu dienſt J. Alexandern
von Helmſtatten.

Das wort Gottes ewig bleibt/   Iſa. 40.
  Damit die welt jren ſpott treibt/   Matth. 24
Wil kläger ſein denn Gott ſelbs iſt/
  Leugt vnd treugt zu aller friſt/   1.Cor. 2.
Tracht nur vff nutz/gut vnd gelt/
  Veracht alles was Gott wol gefelt/ Pſal. 115.
Darumb auff ſich ládt Gottes zorn/ Pſal. 94.
  Der er im grimme hat geſchworn/ Rom. 1.
Das keiner komm zu ſeiner rhue/ Heb. 3. 4.
  Der nit nach ſeinem willen thue/
Allein in ſeinem wort bekant/
  Menſchen wort iſt ein lautter tant: Matth.15.
Wer ſein heyl darauff thut ſetzen/   Colloſ. 2.
  Der wird ſein ſeel hart verletzen/   Eſa. 5.
Werffen in leyden angſt vnd not/   Prouerb.
  Darzu in den ewigen tod.   14.
Darumb lug für ſich jederman/
  Die welt nicht mehr denn liegen kan/
Erhebt jr ding/ macht groß geſchrey/ Rom. 3.
  In betrug/ falſcheit/ gleißnerey/
            P iij   Kein   1. Iohan. 2.

Iohan. 14. Kein glaub/ kein lieb im hertzen ist/
    Was sie treibt/ sind böß Teufels list/
    Zu verderbnuß aller frommen/
    Daß sie nit zum leben kommen/
Iohan. 6. Welchs vns Christus erworben hat/
    So wir bleiben in seinem rath/
    Im glauben vnd gehorsam sind/
Ephes. 4.   Nit nachfolgen jeglichem wind/
    Der vns thut neben an blasen/
    Auß falscher leer der gottlosen/
Marc. 16. Allein durchs Euangelion/
    Werden wir ewigs leben han.

N. N.

Summa

Summa des vij Capitels zun Hebreern.

Christus ist priester in ewigkeit/ (aydt/
Bestetigt mit Gotts geschwornem
Nach ordnung des Melchisedechs/
Vnd mit des Leuitischē geschlechts/
Er ist volkommen vnd vnsterblich/
Vertrit nun im himmel ewiglich/
Vor dem Vater vns arme sünder/
Als thut ein getrewer fürmünder/
Gnugsam für sich selbs / eynig / allein
Hat er solchs ampt/mit keinē gemein.
Dauon auch Paulus bezeuget klar/   1. Thim. 2.
Zum Timotheo gantz offenbar/
Vnd Johannes der Apostel gut/
In seiner Epistel schreiben thut/   1. Ioan. 2.
Welcher solchs nit glaubt/vñ habē wil
Vff erden noch leiplich priester vil:
Der gottsbotten schrifft für lügen acht/
Von dē heilgē Geist nit wolbetracht/
Leugnet Christus ewigs priesterthum̄/
Dadurch man allein zū Vater kompt/
         P v   Dem

Dem Edlen vnd Ernue-
sten Alexandern von Helmstat/
wünsch ich Nicklas Reneysen/ gnadt vnd
friedt von Gott dem Vater vnd
vnserm heilandt Jesu Christo.

Ernuester G. lieber Juncker/nach
dem E. G. mir abermals ein befelch geben hat/mein gethane pre-
dig/vff den ersten sontag des Aduents/
Anno ꝛc. xxvij. vffzuschreiben/ vñ E.
G. ein Copey dauon zu geben/damit sie
nicht in vergeß gestelt werde/villeicht
vmb besserer erfarung willen d warheit:
Bin ich willig in dē/wie auch vormals/
E.G. mein armē dienst zubeweisen. Vñ
wolt Gott/die warheit wurde recht er-
kant/hoff auch Gott sol sein gnade dar
zu verleychen. Nun aber hab ichs nicht
daruor/daß es E. G. meinung sey/das
die Epistel zu den Hebreern/in einen ver
geß gestelt möge werdē/deñ sie im newē
Testament/ vñ in allen Biblen geschriben ist/darauff auch der grundt meiner
predig stehet/welche E.G. selbst person
lich gehört hat/acht es sey derhalben nit
vonnötē daß ich den selbigē Text (wel-

chen auch ein jeglicher selbs wol in seinē Buch lesen kan) Sampt andern neben ein gefürtē histories d̄ heiligē geschrifft/ alhie beschreibe: Sonder allein die ord‍nung/ so ich bey dē Text gehaltē/ vn̄ den Beschluß so ich darauß erfolgt habe(da ran E. G. villeicht am allermeistē gele‍gen ist)Wil ich in einer summa anzeigen. Vn̄ ob ich schō nit alle wort in aller ord‍nung/ form/ weise/ vn̄ gestalt/ wie sie da zumal geredt sind/ erlangē mag(welchs mir auch vnmüglich ist) od̄ so ich den handel/ etwz weitleuffiger erklere/ so ich doch d̄ sachē meinung an ihr selbst kein abbruch thue: hoff ich E. G. sol mir nichts für vngut haben / vn̄ vngeferlig sein. Wo ich E. G. hiemit kein genügen thue / Bin ich vrbütig/ mich ferners zuer‍klerē/ vn̄ mit d̄ hülff Gottes/ meiner pre‍dig auß d̄ heilgē geschrifft rechēschafft zugeben/ für euch/ für E. G. vettern/ vn̄ auch sunst wo sich das gebüret/ daruon gar kein abschewens tragen / so wenig als ich mich für Gott selbst förchte. Wan̄ ich Gottes wortten vn̄ der heilgē geschrifft nicht vertrawet/ dz sie gerech‍te

vnd

vnd warhafftig weren / mich darbey
forchtet / vnd nit Bekennen wolt: Was
kunt denn E. G. vnd alle fromme
Christen menschen / von meiner predig halten? Darumb Ernuester lieber
Juncker / vernem E. G. jetzundt
den handel offentlich in schrifften /
den selbigen nach E. G. gelegenheit/
den Gottsgelerten fürzutragen / zuer-
messen/zuerkennen/nach dem wort Got
tes. Werde ich denn jrrig erfunden / wil
ich mich gern Bessers weisen lassen / vñ
von dem jrtumb abstehn. Bitt vmb
Gottes willen/die andern wöllen solchs
auch thun. Die gnade Gottes wölle
ewer Ernuestigkeit/ in fried vnd gesunt
heit bewaren.

Vff dem sibenden cap. zu
den Hebreern / ist die
predig der massen
gestanden.

Jn dem anfang ist ingefürt Genes.
14. Cap. die historien vnd figur
von dem priester Melchisedech/
vnd

vnd von dem heiligen patriarchen Abraham / darbey angezeigt (wie der Text klar inhelt) daß Melchisedech / genant ein König der gerechtigkeit vnd des friedens / sampt seinem priesterthumb / vbertrefflich höher vnd würdiger gewesen ist / deñ der hohe priester im gesatz Aaron vnd daß gantz Leuitisch priesterthumb / welchs võ dem Abraham kommen ist / Auß der vrsach / daß weder anfang noch ende des Melchisedechs in d̄ geschrifft gefunden wird / vñ figürlich ein ewigs leben hat. Item daß er den Zehenden von dem Abraham empfangen / vnd ihn gebenedeiet hat. Vom Abraham aber vnd allem seinem geschlecht / zeigt die schrifft an / anfang vñ ende / daß sie vnuolkomen / zerstörlich vnd sterblich gewesen sind. Item daß das Leuitisch priesterthumb (welchem der Zehend nach dem gesetz zugestanden vnd geben worden ist) hat auch den Zehendē dem Melchisedech geben / vnd von jm die gebenedeiung empfangen. Denn dazumal / da Abraham jn
den

den Zehenden geben / vnd die Benedei=
ung empfangen hat / da ist daß ge=
schlecht Leui noch in seinen Lenden ge=
wesen. Vnd gleich wie wir in Adam
alle gesündigt haben: Also haben die Le
uitischen priester alle in Abraham den
Zehenden geben / vnd die gebenedeiung
vom Melchisedech empfangen. Dar=
auß wird offenbar (wie zuuor gesagt)
daß Melchisedechs priesterthumb/ vber
trefflich höher vnd wirdiger gewesen
ist / denn das Leuitisch priesterthum.
Also viel von der figur im anfang des/
7. Cap.

Diese figur deutet gar fein vff Chri=
stum vnsern hohen vnd ewigen prie=
ster.

Melchisedech ist ein figur / Christus
ist die warheit.

Melchisedech wird genent ein König
der gerechtigkeit. Ein solcher König ist
warhafftig Christus vnser HERR.
Sein Reich aber ist nit von dieser welt/
in eüsserlichem gewalt vnd herligkeit:
Sonder es ist geistlich / innerlich / vnd
vnsicht=

vnsichtbarlich. Er regiert allein im her̄ tzen vnd gewissen der glaubigen/ nit mit einem eysern schwert/ sonder mit dē schwert des Geists/ das ist/ mit dem wort des heiligen Euangelij vnd gnaden Gottes. Welcher mensch dem selbigen gehorsamt im glauben/der ist im reich Christi/vnd gerecht für Gott. Deñ allein der glaub macht frumb vnd gerecht/ hat auch allein stat vnd ansehens für Gott/derselbigen gerechtigkeit ist Christus ein König/ aber der Teufel ist ein könig der vngerechtigkeit/das ist/ deß vnglaubens/vnd der gottlosen.

Ephes. 6.
Rom. 8.
Heb. 11.
Iob. 41.

Melchisedech wird genand ein könig Salem/ das ist/ein könig des friedens./ Ein solcher könig ist auch warhafftig vnser HERR Jesus Christus/ aber nicht nach dieser welt/ euserlich vnd zeitlich an leib vnd gut/ Er gibt nit den frieden wie jn die welt gibt/ Johan. 14. Er ist nicht komen frieden zu senden auff erdtrich/ sonder das Schwert/ Leiden/ Trübsal/ verfol

verfolgung/ꝛc. Matth. 10. Luce. 12.
Dardurch die glaubigen in jrem mutwilligen alten Adam / vnd sündlichem
fleisch gecreutziget / im glauben geübt
vnd probiert werden / Rom. 5. 1. Petri 4. Vnd in der geduldt jre seelen fassen
mögen zū ewigē leben/ Luc. 21. Act. 14.
Christus ist ein König des jnnerlichen
friedens im hertzen vnd gewissen / der
die glaubigen mit seinem Geist sterckt/
vnd zu frieden stelt / auch mitten in aller eüserlichen verfolgung vnd anfechtung an leib vnd gut / wie vns in den
heiligen Aposteln vnd Merterern fürge
bildet ist. Von diesem frieden sagt Pau
lus Philip. 4. Der fried Gottes / welcher vberschwebt allen sinnen/ Bewar
ewre hertzen vnd sinn in Christo Jesu/
ꝛc.

Melchisedech hat in der geschrifft
weder anfang noch ende/ sonder ein fi-
gürliches ewiges leben. Also Christus
hat ein warhafftigs ewigs leben / vnd
nach der Göttlichen natur/ weder anfang nach ende/ Johan. 1.
Melchisedech

Melchisedech ist höher vñ wirdiger/ denn der heilig patriarch Abraham (welcher doch von Gott die verheissung empfangen hat) vnd sein gantz geschlecht / fürnemlich das geschlecht Leui (welchem das priesterthumb von Gott hernach im gesatz Mosi zugeeygnet ward) darumb von notwegen/ Christus die warheit/noch viel höher vnd wirdiger ist / denn das geschlecht Leui/vom Abraham geborn. Auch das priesterthumb Christi / nach der ordnung Melchisedech / vbertrefflich höher vnd wirdiger ist / denn das Leuitisch priesterthumb/nach der ordnung Aaron.

Melchisedech nimpt den Zehenden vom Abraham / vnd gebenedeyet ihn: Christus nimpt die volkomēheit Christlichs lebens vnd wesens / von den glaubigen Abrahams kindern / vnd gebenedeit sie ewiglich/ Gal. 3. Genes. 22.

Nach dieser figur des Melchisedechs/folgt im Text (Ist nun die volkomenheit durch das Leuitisch priester-
Q thumb

thumb geschehen / ꝛc.) von diesem Text an/biß zum ende des 7. cap. wird das hohe priesterthumb Christi gar fein vnd meysterlich beschrieben.

Zum ersten / daß es ein volkomen gnadenreych priesterthum̃ sey/ welches gnediglich durch den glauben rechtfertigt von sünden / vnd selig macht alle außerwelten / nit vnuolkomen wie das Leuitisch priesterthumb vnder dem gesatz Mosi gewesen ist / allein auß den werck̃e des gesatz/ welche keinẽ menschẽ haben können rechtfertigẽ / von sünden erlösen / oder selig machen / Rom. 3. Gal. 2. Darumb auch vonnöten gewesen ist/ daß das gesatz Mosi/ sampt dem Leuitischen priesterthumb / vffgehaben vnd verendert würde / Nemlich daß das ernsthafftig vnd erschrecklich grausam gesatz / verendert würde/ in das frölich vnd freudenreich Euangelium der gnaden Gottes / Nit in das Decret vñ Decretal/ menschliche gesatz/ damit man Gott vergeblich ehret/ Matth. 15. Darnach daß das vnuolkomen

men Leuitisch vnd leiblich priesterthumb/ verendert würde/ in das volkomen geistlich priesterthumb Christi vnd aller glaubigen/ nit in ein ander vnvolkommen eüsserlich vnd leiblich priesterthumb/ welches den die Pfaffen zu vnsern zeiten auß lauterem vnuerstand fürgeben/ vnd sich des hochberümen/ haben aber kein grundt/ solchs jhres leiblichen priesterthumbs/ im gantzen Newen Testament.

Was vom priesterthumb vnd priestern geschrieben stehet/ 1. Pet. 2. Bawend euch zu einem geistlichen hauß/ vnd zum heiligen priesterthumb/ ꝛc. Darnach/ Jhr aber seind das außerwelt geschlecht/ das Königlich priesterthumb/ ꝛc. Item Apocalips. 1. Er hat vns geliebt vnd gewäschen von sünden mit seinem Blut/ vnd hat vns zu Königen vnd Priestern gemacht/ vor Gott vnd seinem Vater/ Item Apocalips. cap. 5. Du bist erwürgt vnd hast vns erkaufft mit deinem Blut/ ꝛc. Vnd hast vns zu Königē gemacht vnd Priestern ꝛc.

Item Apocalipſ. 20. Selig vnd hey﹅
lig iſt der/der theyl hat an der erſten vf﹅
ferſtehung/vber ſolchē hat der ander tod
kein macht: Sonder ſie werden Prieſter
Gottes vnd Chꝛiſti ſein/ vnd mit jhm
regieren tauſent jar. Dieſe Sprüch
vom Prieſtertum̄ vn̄ Prieſtern (Sacerdo
tiũ vn̄ Sacerdotes genant) gehn die Pfaf﹅
fen nicht allein an für jhre perſonen (ob
ſies dannoch angehn) ſonder alle Chꝛi﹅
ſten menſchen in gemein. Denn es je of﹅
fenbar iſt/ daß der heilig Petrus ſein
Epiſtel nit den Pfaffen zugeſchꝛiben
hat/ ſonder allen Chꝛiſten. So deuten
die ſprüch in der heimlichen offenba﹅
rung klarlich vff alle Chꝛiſten menſchē.
Zu dem/ was ſonſt hin vn̄ her von Bi﹅
ſchoffen vnd Prieſtern geſchꝛieben iſt/
als in der Apoſtel geſchichten/ 20. cap.
Da Paulus die Elteſten (Presbyteros) zu
Epheſo beſchickt hat/ vnd alſo zu inen
geredt: Habt acht vff euch ſelbs/ vnd
vff die gantzen herd/ vnder welche euch
der heilig Geiſt geſetzt hat zu Biſchof﹅
fen/ zu weiden die gemeine Gottes/ wel﹅
che er

che er durch sein eigen blut erworben hat/ ꝛc. Dergleichen was von Bischoffen geschrieben ist / in der ersten Epistel Pauli zum Thimotheo 3. cap. Item von den Eltisten (Presbyteris) in der Epistel zum Tito. 1. cap. geht sie auch nicht an. Denn Episcopi vnd Presbyteri / heissen nicht Hern vnd Meßleser: Sonder sie heissen wächter vnd Eltisten/ das ist / feine / Erbare / Gelerte Leut/ die vber das Christen volck sollen wachen / sorg tragen / vnd weyden mit dem wort Gottes/ wie 1. Petri. 5. cap. geschrieben steht: Weydet die Herdt Christi die vnder euch ist / vnd versehet sie nit genötigt/ sonder selbs willig/ nit vmb schandtliches gewins willen: sonder auß geneigtem gemüth / nicht als die herschendt vber das Erbe / sonder werdet ein fürbild der Herde / ꝛc. Es bezeugt auch das geistlich Recht (8. q. 1. Cano. Qui Episcopatum &c.) Das ein Bischoffs Namm / sey ein Nam der Arbeyt/ vnd nicht ein Namm der wirdigkeit/ vñ seind die wort S. Augustini. ꝛc.

Q iij Sie

Sie seind die/die dem volck sollen fürgehn/in guten sitten/vnd in einem rechtschaffenen Christlichen leben/wie sie der heilig Paulus zum Timoth. vnd zum Tito/1. gar fein beschreibt. Ein Bischoff sol vnsträfflich sein/allein eines weybs Mann/nüchtern/züchtig/ sittig/Gastfrey/leerhafftig/nit weinsüchtig/ꝛc. Diese heyssen nicht ihres Ampts halben (Sacerdotes) Priester: Denn/wie vor gesagt/dieser Nam gehört nicht sonderlichen personen zu im Newen Testament: Sonder ist ein gemeyner Nam aller Christglaubigen menschen/welche alle Geystlich Priester seind in Christo dem HERREN/ ꝛc. Sie heyssen aber (Episcopi, Presbyteri) Bischoff vnd Altisten/das ist wächter des volcks/vnd diener des worts Gottes/1. Cor. 3. Wer ist Paulus? Wer ist Apollo? Diener seind sie durch welche ihr glaubig seind worden. Item 1. Cor. 4. Darfür halt vns jederman/ nemlich für Christi diener/vnd haußhalter vber Gottes geheymnus. Summa

Alle

1. Timo. 3.

Alle Christen seind (sacerdotes) Priester:
Aber alle getrewe vorgenger des volcks
vnd verkünder des heiligen Euangelij:
die seind (Episcopi, Presbyteri) Bischoff/
vñ Altisten/ nach inhalt des newen Te=
staments.

Von den Meßleseren/ vnd Vigilien=
sengern / ꝛc. (welche wir Priester
nennen) weiß die heilige schrifft nichts
zu sagen/ darumb auch die verenderung
des Leuitischen priesterthumbs Hebre.
7. Cap. angezeigt/ in keinen weg/ vff
vnsere Pfaffheit mag verstanden wer=
den / denn die verenderung nicht leib=
lich/ sonder geistlich geschehen ist/ vff
Christum vnd alle glaubigen menschen.
Daß aber vnsere Pfaffheit ein andere
verenderung selbs erdicht hat/ das laß
ich sie nach ihrer weyse verantworten
auß dem Decret vñ Decretal. in der Bi=
bel findt man nichts dauon vberal.

Also sagt vnser Epistel/ von der
verenderung/ daß Christus nicht sey
auß dem geschlecht Leui: Sonder
auß dem geschlecht Juda kommen.

Q iij

Er sey auch nicht priester worden nach der ordnung Aaron: Sonder nach der ordnung Melchisedech. Da/da steht die verenderung gantz vnd gar / damit nichts anders wird angezeigt/ deñ Christus sey der wahre Messias von Gott verheissen/ vnd ein volkommener gnadenreicher Priester / der vns ewig vor dem Vater vertrette/ warhafftig verzeyhung vnserer sünde/ gnad vñ Barmhertzigkeit von Gott erlange / welchs das Leuitisch priesterthuñ nach der ordnung Aaron zu thun nicht vermöcht hat. Deñ wo es solches vermöcht hette: So wer es nicht vonnöten gewesen/ daß Christus ein priester nach Melchisedechs ordnung kommen were. Sihe da hört man gar nichts von solcher verenderung / die vnsere Pfaffheit angehen/ oder belangen möge: Der Text ist klar genug / so man in sunst gern recht verstehn wil.

Zum andern / sagt der nachuolgende Text / daß Christus priesterthumb in Ewigkeit sey gemacht/ nach der krafft
des

des vnendtlichen lebens/ vñ nicht nach
dem gesatz des fleischlichen gebots/
welchs zeitlich vnd vergenglich war.
Das bezeugt er mit dem Psal. 109. Du
bist Priester in ewigkeit/ ꝛc. Dieweil es Rom. 8.
nun ewig ist/ dardurch das zeitlich ge=
satz vmb seiner schwachheit vnd vn=
nutz willen ist vffgehaben/ so muß es
auch ewiglich wehren/ vnd gelten vns
für Gott zu versönen/ also daß jm kein
anders newes vnd zeitlichs priester=
thumb mag nachfolgen: folgt jm aber
ein anders nach/ so muß es nichts geltē/
vnnutz vnd vergeblich sein. Ja vil vn=
nützer vnd vergeblicher deñ das Leui=
tisch priesterthumb/ welches dannoch
von Gott ein zeitlang eingesetzt vnd ein
figur des zukünfftigen ewigen priester=
thumbs Christi gewesen ist. Aber das
gegēwertig newe zeitlich priesterthuṁ/
mag kein figur sein: Denn es folgt jm
kein anders warhafftigs vnd ewigs
nach vber das erst/ ewig/ warhafftig
priesterthumb Christi/ welches einmal
nach gefolgt ist dem Leuitischen priester
thumb/

thumb/ vñ nun fürter ewig bleybt. So
hat auch nun das new zeitlich vnd leiblich priesterthumb kein klare außge-
truckte gezeunuß von Gott/ in der heiligen geschrifft / wie kan es den gut
vnd nutz sein zu der selligkeit? Summa wo das volkommen vnd ewig ist/
da bedarff man des vnuolkommenen
vnd zeitlichen nichts.

Zum dritten / sagt der Text / daß
Christus priesterthumb allein vnd einig sey / darzu vnwiderrüfflich / be-
krefftigt vnd bestettigt/ durch einen geschwornen Aydt Gottes / vff daß alle
Christglaubigen menschen / biß zum
ende der welt/ allein durch Christum
ein vngezweyffelten vnd sicheren zu-
gang haben sollen zu Gott/ vnd durch
keinen zeitlichen oder sterblichen Priester. Psal. 109.

Der HERR hat geschworn/ vnd
wird jhn nicht gerewen/ das ist/ er
wirdts ewig nicht mehr endern/Du bist
Priester in ewigkeit/ ꝛc. Diese wort
werden offt vnd viel in der Vesper ge-
sungen

ſungen vnd geleſen/ aber faſt vbel verſtanden/ wie ſie denn verſtanden ſollen werden/ nach des heiligen Geiſts meynung in vnſer Epiſtel / da ſie allein vff Chriſtum gezogen werden / wie auch derſelbig Pſalm klärlich außdruckt/ darin ſie geſchrieben ſtehn/ ʒc.

Folgt im Text/ Jhener ſeind viel die Prieſter wurden/ ʒc. Dieſer aber (Chriſtus) darumb daß er bleibt ewiglich/ hat er ein vnuergenglichs prieſterthumb/ vnd lebt jmmerdar vns zuuerdretten. Hie merckt mit fleiß / Er iſt allein / ein einiger vnd ewiger Prieſter aller Chriſten menſchen/ wie auch Paulus 1.Timoth.2. Sagt/ Es iſt ein Gott/ vnd ein Mittler zwiſchen Gott vñ dem menſchen/ nemlich der menſch Chriſtus Jeſus/ ʒc. Vnd/ 1. Johan.2. Wir habẽ ein fürſprechen für Gott Jeſum Chriſtum/ den gerechten/ ʒc. Iſt das war? Daß Chriſt⁹ das Prieſterampt vff ſich ſelbs allein genomen hat/ alle außerwelten glaubigen menſchẽ zuuertretten/ vñ zuuerſönẽ ewiglich für ſeinẽ himliſchen Vater?

Vater: Wo zu seind jnen denn die zeitli‐
chen Priester nutz? Ja wie kan sich ein
armer/ sterblicher / bresthaffriger vnd
sündtlicher mensch vff erden /, als ein
Priester / mittler / fürsprecher fürstellen,
zwüschen Gott vnd dem menschen /
daß es dem eynigen / ewigen priester‐
thumb Christi / vnd dem geschwornen
Aydt Gottes nicht nachtheylig sey? Für
war wil man die sach recht ansehen /
vnd Christlich betrachten / so ist es nicht
so gantz ein schlechter handel mit der
Pfaffheit zu vnseren zeiten als man wil
wenen. Die grosse menge / daß jhr viel
seind / vnd die langwirige gewonheit /
helffen nit / sie können auch darmit ihr
gewissen vor Gott nit verthedigen / sie
keren sich gleich vff welche seiten sie
wöllen. Vff der einen seiten haben sie
kein Gottes wort: Vff der ander sei‐
ten / ist Gottes wort stracks wider sie.
Denn sie können nicht Priester sein nach
Melchisedechs ordnung / deñ Christus
ists allein vnd kein anderer. So können
sie auch nicht Priester sein nach Aarons
ordnung:

ordnung: denn ſie ſein nicht von dem
geſchlecht Leui / Darzu hat daſſelbig
prieſterthumb uffgehört vñ ein end ge
nomen. So können ſie auch nicht prie
ſter ſein nach Chriſtus ordnung: denn
daſſelbig prieſterthumb iſt nicht leib=
lich (wie ſie ſich fürſtellen) ſonder geiſt
lich / begreifft alle Chriſten menſchen
ohn vnderſchiedlich / bedarff auch kei=
ner leiblichen ſalbung: Sonder es hat
die ſalbung des heiligen Geiſts / 2. Co=
rinth. 1. vnd 1. Johan. 2.

Vber dieſe drey ordnung des prieſter=
thumbs / findet man ſunſt keine andere
göttliche Prieſterordnung in der gan=
tzen heiligen ſchrifft. Denn die prieſter /
welcher die ſchrifft ſunſt an andern or=
ten gedenckt / als / 1. Reg. 12. Da der Kö
nig Hieroboam / Prieſter verordnet hat /
bey den gulden Kelbern in Bethel vnd
Dan. Item / als die Propheten Ba=
al / zu Achabs zeiten / 1. Reg. 18. Item
als die Prieſter Bel / zu des Propheten
Daniels zeiten / Dani. 14. Vnd d gleichen
mehr / die ſind nit von Gott verordnet /
ſonder

sonder abgöttische Priester gewesen. Darumb ihre ordnung vnsern Priestern nit dienstlich ist/ sich damit zubeschirmen/ haben also kein Gottes wort in d̄ heiligen geschrifft/ das etwas klärlichs außtruck/ von der ordnung ihres leiblichen Priesterthumbs.

In geistlichen rechten stehet wol viel von jrer ordnung geschrieben/ auch von jren personen vn̄ wirdigkeit/ Bischoff/ Probst/ Dechent/ Canonicus/ Vicarius/ pfarherr/ Frümesser/ Caplahn/ ꝛc. Es ist aber ohn Gottes wort/ eyttel menschlich vnd eigenutzlich erdichts ding. Da weihet man keinen zü Priester/ er sey wie from vn̄ gelert er wölle/ er habe denn ein pfründ oder titel/ Dist. 70. Cano. Neminem absolute, & cano. Sanctorū Canonum. Suchs im geistlichen rechten. Darnach wolt ieglicher gern die beste pfründ haben/ vnd der höchst daran sein/ ja sie wöllen sich an einer pfründ nit benügē lassen/ sie haben gern viel/ ꝛc. Da zanckt man sich vnd hadert drumb (O ein Christlicher handel) zu letzt gehē man

man zu Cohr / man singet vnd liest nit lauter vmb Gottes ehr willen: Sonder auß Bezwang ihrer eygen ordnung/ vnd auß forcht der obernherrn. Item daß man Corpus beneficij / vnd die Presentz verdienen möge: Sunst kündt man des Cohrgangs / Singens / vnd Meßlesens/wol müssig gehen / vñ gerahten. Sie wissen selbs das es war ist. Auch ligt es so klar am tage / daß es nit geleugnet mag werden.

Solche ordnung vergleicht sich nun gar nit mit Gottes wort / vnd mit dem heiligen Euangelio / welches von diesen dingen allen gar nichts weiß / so haben die Aposteln / vnd die ersten aller frombsten Christen / mit solchen dingen nie zuschaffen gehabt / sie haben keinen Bischoff erkandt / denn welcher Gottes wort geprediget vñ gelehret hat/ der ist ein Bischoff bey jnen gewesen/ vnd sunst keiner. Diaconi sind gewesen diener der armen leut / Act. 6. Dechent / Canonici / Vicarij / Frümesser / Caplahn / Lantsbischthumb/
stifft

stifft/Klöster/Clausen/rc. mit guten
Zinssen/Renten/Gülten versehen/dar
auff man grösser fleiß hat/denn vff
Gottes dienst/ sind den ersten heiligen
frommen Christen vnbekandt gewesen/
als/ von denen Christus nie gered oder
etwas befohlen hat/dauon man auch
in der heiligen Bibel nit einen Buchstaben findt. Darumb muß es von den men
schen nachfolgender zeit erdicht/vñ also
verordnet sein. Nun ist es aber gewiß
auß den worten Christi/ Matthei 15.
cap. daß man mit menschensatzun-
gen/ ordnungen/ gebotten/ vñ lehren/
Gott vergeblich dienet/ vnd jm kein
wolgefallen thut/ mit allem dem/ das
in seinem wort nit gegründt ist/ man
treibt nit mehr denn gleißnerey damit/
wan es auch am aller besten ist/ vñ verspottet Gott den HERREN/ wie der
Phariseer/von dem Christus/ Luc. 18.
saget. Man sihet nit mehr/ deñ darauff/
was menschlicher vernunfft/ klugheit/
weißheit/ vnd gutduncken gemeß ist/
vnd ansehens hat für der welt. Das ist

aber

aber alles ein grewel / vnd vermaledeiet für Gott / Luc. 16.

Darumb werde Priester oder pfaff/ nach menschlicher weiß vnd ordnung wer da wil / so mag es keiner mit gutem gewissen werden oder sein / der Gottes wort von hertzen vertrawet vñ glaubt: diewil solch Priesterthumb / ein lauter menschen gedicht ist / darauff sich kein recht Christen hertz grunden kan. Darnach auch / daß es dem gnadenreichen / volkomenen / einigem / vnd ewigem priesterthumb Christi / mit dem geschwornen eydt Gottes bekrefftiget vnd bestetiget / zu wider ist / welches dardurch verleugnet muß werden / wie oben angezeigt / vnd auß der Epistel zu den Hebre. offenbar wirdt. Also thun die nit vnrecht / die solch menschlich erdicht priesterthumb vnderlassen / oder dauon abstehen / ob sie schon die welt für Buben helt / da ist nichts an gelegen / Gott weiß welcher der frömbst ist. So sihet man auch wol / wie ein Erbares leben ihr viel führen / die die

R andern

andern für Buben vrtheilen/ vnd auß zu
schreien bereidt sind. Man darff nit
viel daruon reden/ man thüe nit mehr
deñ die augen vff/ so wird mans sehen.

Ja wer augen hat zusehen der sehe/
vnd wer ohren hat zu hören der höre/
Wird jemandts der rechten strassen fhe-
len: darff er für war Gott kein schult
geben. Denn alles was Christlich vnd
recht ist: das ist vns durch Christum
vnd seine Aposteln volkomlich gesagt/
vnd vorgeschrieben: alles ander/ gehet
die Christen nichts an gegen Gott. Also
auch das eüsserlich vnd leiblich priester
thumb/ dauon man im gantzen newen
Testament nit ein Buchstaben findt.

Daß aber etwan vor zeiten/ die Doctores viel võ diesem eüsserlichẽ priester
thumb geschrieben/ vnd gelert haben/
auch ihr viel selbst solche Priester gewe
sen sind: das thut nichts zu der sach/ da
mit etwas zu verantworten. Denn jnen
ist nit befholen gewesen/ dem wort Got
tes/ nemlich dem Euangelio Christi/
vnder dem sie sich Christen berhümbt
haben/

haben / etwas zu oder ab zuthun / sonder das selbig lauter / nach seiner rechten art predigen vnd lehren / welches sich bey diesem priesterthumb nit befindt / von jhnen geschehen. Der Text ist klar für augen / vnd lest sich nit verbergen / so mag des heiligē Geists meisterschafft auch nit weichen vnd stat geben / ihrer meisterschafft. Die Apostel sind ja gelerter gewesen / deñ alle die / die je docter vnd meister geheissen sind worden / da bey laß man es bleiben / menschliche kunst gilt nichts in dieser sachen.

Solchs alles wird nit darumb geredt / daß man das volck vff die Priester verhetz / vnwillen / vnd feindschafft anzurichten: Mein lieben freund / man sol den Priestern nit feind sein / man sol jnen auch nit leidts thun / denn sie auch zum grössern theil der sachen vnschuldig vnd vnwissend darzu komẽ sind: wöllen wir rechtgeschaffen Christen sein / so sollen wir brüderlich mitleiden haben / Gott für sie bitten (ja wan sie schon vnsere feind wehren) daß er sie

R ij mit

mit dem licht seiner göttlichen gnaden erleuchten wöll/ vff daß sie die warheit lernen erkennen/ von dem jrthumb abstehen/ vnd für die handt nehmen/ was dem heiligen Euangelio gemeß/ Christlich vnd recht ist.

Darumb wird aber solches geprediget vnd geredt/ daß die Christen menschen/ jhren rechten/ Einigen/ Ewigen Hohenpriester vnd Bischoff jrer seelen/ jren versöner/ mittler vnd fürsprecher im himmel für Gott/ recht lernen erkennen/ allein vff jhn al ihr vertrawen/ zuuersicht vnd hoffnung setzē/ vnd nit vff menschen laruen/ denn alle menschen sind vngerecht vnd lugner/ auß der lehr des Propheten Dauids/ vnd des heiligen Pauli/ allein Gott ist gerecht vnd warhafftig. Darumb welcher vff menschen vn̄ menschengedicht sein vertrawen setzt: Der bawet sein seligkeit vff vngerechtigkeit/ vnd vff lügen/ vn̄ ist vor Gott vermaledeit/ Hiere.

17. Welcher aber Gott vnd seinem wort glaubt vnd vertrawet: Der bawet sein

seligkeit

seligkeit vff gerechtigkeit vnd warheit/
er ist gebenedeyt/ vnd wird selig/ das leh
ret vns alle geschrifft/ zc.

Gott verleihe vns seine gnad/ Amen.

Summa Summarum.

Die Christen menschen haben kein
zeitlich Testament/Tabernackel/Alttar/
Sündopffer mehr vff erden/ Hebre. 8.
Darumb bedörffen sie auch keines zeit=
lichen vnd leiblichen priesterthumbs
mehr vff erden/ Alle ding sind nun him
lisch/ geistlich / vnd ewig / in Christo/
vnd durch Christum erfüllet. Welcher
mensch jm daran nit lest gnügen: son=
der alle solche ding widerumb new/
zeitlich vnd leiblich vff erden anricht
zu der seelen heil: der verleugnet offent=
lich (inhalt der geschrifft) Christum/
sein himlisch/einig vnd ewig priester=
thumb / auch das opffer welches ein
mal geschehen ist für die sünd der welt/
daruon in den nachfolgenden / 9. vnd
10. cap. zu den Hebreern.

R iij Allein

1. Timo. 1.
Allein Gott die ehr.
Rom. 3.
Menschen sind lügner.

Matth. 5.
Iohan. 4.
Philipp. 3.

Recht Christē verachtē gleyßner thor-
heit/
Sie betē Gott an im Geist vn̄ warheit/
Jren bauch beten an Baals pfaffen/
Mit Gott habē sie nit viel zuschaffen/
Ohn feist pfründen/ faultag/ vn̄ guth
leben/
Wil niemands pfaff sein/ nach gotts
dinst streben/
Solchs gibt ware kundtschafft zu aller
frist/
Daß pfaffenwerck nichts den gleißne-
rey ist/
Man laufft gen Rhom/ dient Pabst/
Bischoff/ Cardinall/
Auch anderen Lehenherrn vberall/
Man schenckt/ man laufft/ treibt sel-
zam hantirung/
Mit rauschen/ tauschen/ vnd permu-
tirung /

Man

Man wirdt Münch/Nonnen/in Klö-
	stern/ Claussen/
Globt fälschlich groß ding/ thut Kut-
	ten lausen/
In farben regeln/ orden/ mancherley/
Als sey der Christē glaub ein dyrdendey/
Man leuth/ singt vnd liest/ nacht/
	tag/ frü vnd spat/
On verstandt/geist/glauben/treibt lau
	tern spott.
Ist solchs Gott ein ehr/ so ists ein wun-
	der/
Vnd schlag darin Blitz/hagel vnd don-
	ner/
Anderst kan mā die sach nit verblümē/
Was Gottes wort verdampt/kan nie-
	mands rhümen/

Der Papisten standt
Ist Gott vnbekant/
Betreugt leuth vnd landt/
Fürcht kein sünd noch schand.

ERRATA.

Folio 21. l. 23. ein solches. f. 21. l. 9. so nach
f. 24. l. 20. den armen f. 33. l. 7. zu niessen
f. 40. l. 15. noch der zeit f. 56. l. 1. gewarnet
habe f. 60. l. 23. im Brod f. 74. l. 2. et 3. niessen
wir sie f. 98. l. 21. geehret f. 103. l. 5. glauben/
welcher f. 106. l. 21. den wird f. 118. l. 2. hülff
f. 117. l. 5. ablas hilfft f. 128. l. 25. wol gefallen
f. 130. l. 10. niemandes denn f. 132. l. 22. wie
möchten denn f. 135. l. 21. der heilig Petrus
f. 140. l. 2. dem rath f. 176. l. 2. Messen ist
f. 179. l. 1. Bacchum f. 186. l. 21. opfer/ einig
f. 195. l. 21. et 25. Blossen f. 201. l. 9. daß er für
in f. 206. l. 10. nach irem f. 207. l. 16. des heiligen Geists f. 217. l. 6. mit außgestreckten
f. 221. l. 11. So offt ir Meßhalter f. 231. l. 4.
leuget vnd treügt f. 240. l. 25. anfang noch
ende.

FINIS.

www.ingramcontent.com/pod-product-compliance
Lightning Source LLC
Chambersburg PA
CBHW032147230426
43672CB00011B/2478